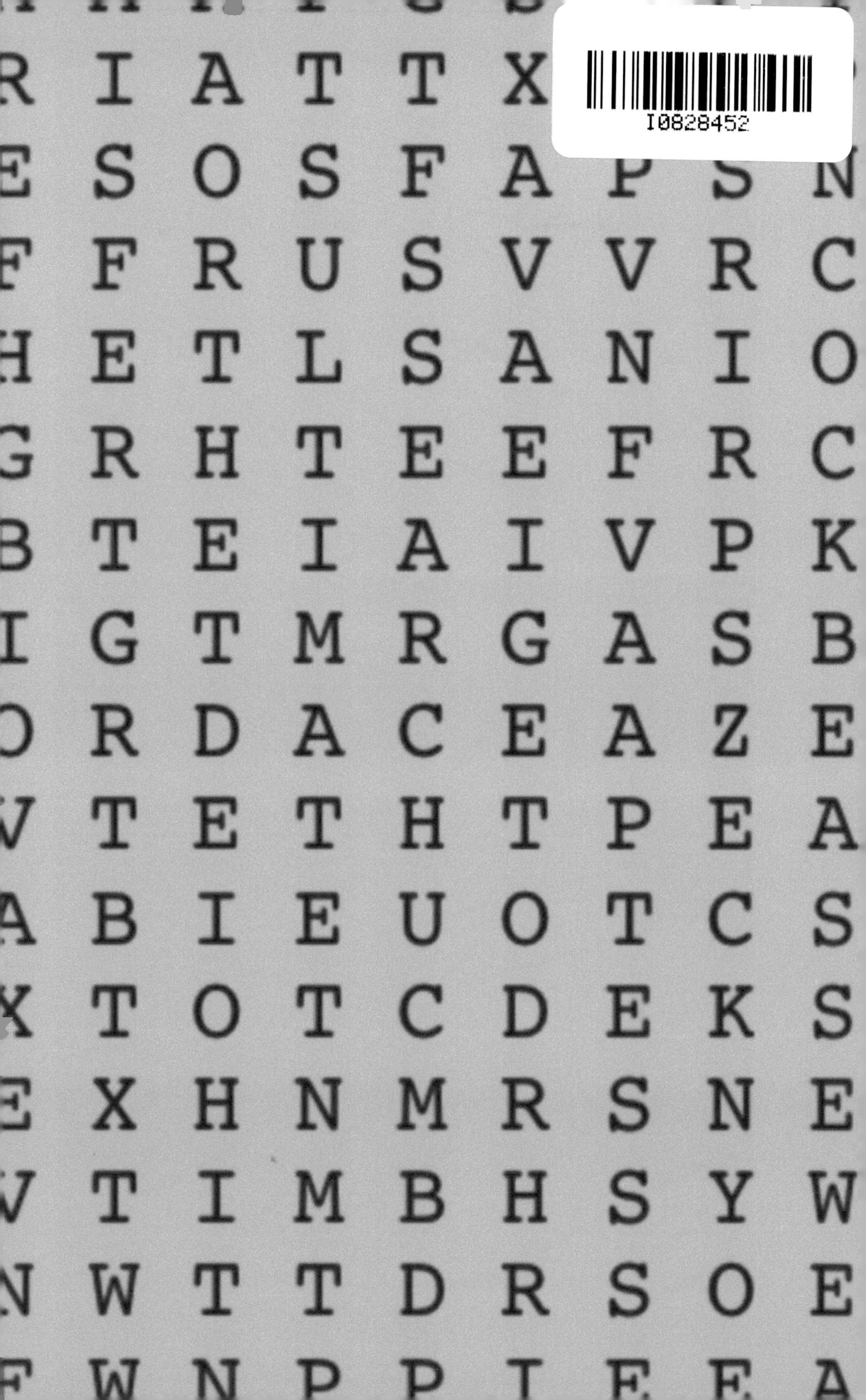
I0828452

This book belongs to:

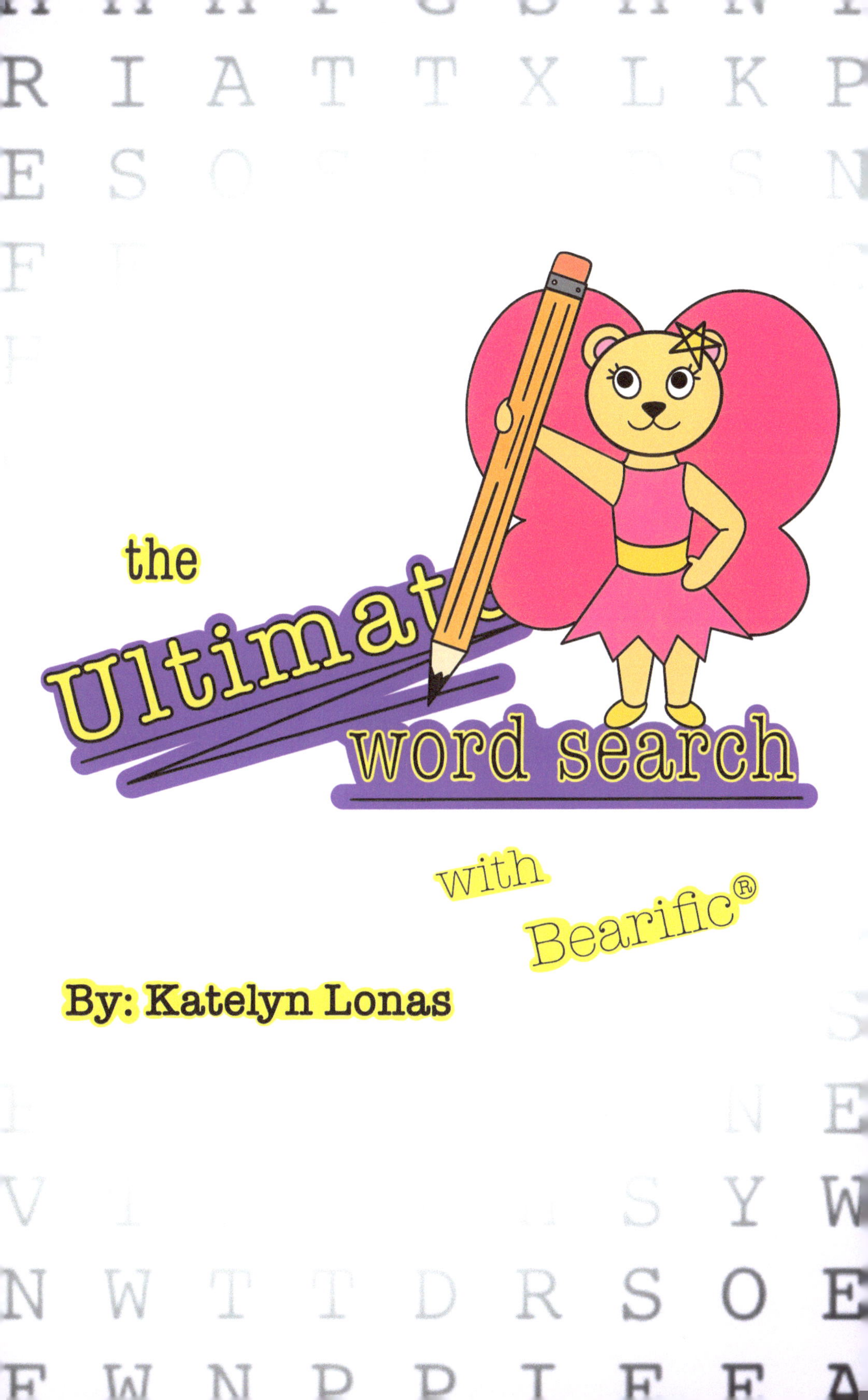
the
Ultimate
word search
with
Bearific®
By: Katelyn Lonas

Art

N I T O S I A R M P T A P N C W
E F R O E A S E L X N I L C W I
C Q A E E A P A I N T N P F E E
C H G S V B M B O I D K U F X L
I L A N P S R O T R I D I C T I
E A A L P T T U O L N E T F Z S
G C S Y K R A L S H K S O M T E
E R N K A A O O D H Q R M E O M
N Y T C E C M N D R A W I D Q M
I L S M R T P O E E H Q E B S S
O I L E A A C E S Z R E H M T W
P C T R S R Y H I E S M N D O P
T A L P E N K O G X I D E O S M
W I P N R M B E N E I H N J E L
V R T E C N W R R N K N D L G I
I W S S R O U F P L J C O M A L

Abstract	Chalk	Easel	Paint
Acrylic	Clay	Eraser	Paper
Brush	Crayon	Ink	Pen
Canvas	Design	Marker	Sketch
Cartoon	Draw	Oil	Watercolor

Bathroom

O	L	S	S	P	A	N	R	Z	E	E	R	E	X	X	B
W	H	X	H	H	N	X	Z	J	I	E	E	O	F	U	A
M	I	R	R	O	R	F	C	E	X	M	N	E	U	P	X
R	S	P	I	O	W	M	L	V	G	S	E	T	L	O	C
P	T	T	E	R	U	E	R	U	T	L	S	C	N	W	I
F	O	G	B	S	W	U	R	H	O	H	O	X	X	D	S
L	I	F	A	O	Y	E	L	P	O	H	A	M	P	E	R
O	L	D	T	N	H	C	L	I	S	H	P	C	L	R	E
S	E	T	Q	H	T	O	O	U	S	F	O	B	U	M	F
S	T	A	A	J	Y	M	R	U	E	A	B	A	N	E	O
R	R	S	P	H	T	B	L	H	T	U	T	N	G	Z	F
H	E	Z	P	S	R	F	I	Z	B	C	B	D	E	A	B
X	R	F	F	C	N	S	A	M	O	E	A	A	R	U	I
A	Z	N	S	Z	A	N	J	R	O	T	S	G	T	A	X
I	L	O	Z	H	T	H	J	S	M	X	F	E	E	H	S
D	R	Z	E	O	X	G	P	Z	G	N	I	S	P	V	T

Bandages	Faucet	Mirror	Soap
Bath	Floss	Plunger	Toilet
Brush	Flush	Powder	Towel
Bubbles	Hamper	Rug	Tub
Comb	Lotion	Shower	Wipes

Beach

Y	R	I	M	G	E	B	H	H	B	W	E	I	L	N	N
A	A	S	C	K	H	F	O	A	M	E	O	Z	H	X	R
N	B	L	N	L	B	A	I	V	T	N	O	A	T	F	E
S	N	A	O	R	A	O	T	S	Z	G	N	S	U	E	T
F	Y	N	L	B	B	M	T	S	H	C	I	M	S	P	M
T	R	D	E	O	S	U	P	T	T	E	N	D	X	L	N
P	O	Y	X	O	N	O	C	A	L	G	A	E	L	N	S
I	R	K	E	T	L	E	E	K	D	E	O	J	M	R	F
E	C	L	Y	F	L	O	A	T	E	R	S	J	P	G	S
C	D	E	P	A	J	C	L	G	N	T	S	N	O	S	S
A	O	I	C	E	C	O	O	L	E	R	F	Q	N	S	G
T	L	C	O	R	A	L	X	C	O	Y	E	X	C	U	O
F	P	E	O	P	E	B	I	H	E	T	S	T	E	S	H
I	H	S	A	N	D	A	C	X	N	A	L	R	U	E	Y
S	I	E	Y	Z	U	N	M	S	E	M	N	E	N	D	X
H	N	S	N	K	A	T	A	S	J	E	O	S	G	S	I

Abalone	Catfish	Fish	Icecream
Algae	Clam	Flipflops	Icecooler
Anchor	Coconut	Floaters	Island
Bottles	Coral	Foam	Ocean
Bucket	Dolphin	Hats	Sand

Berries

X	G	L	O	J	O	X	O	O	C	Y	S	S	F	N	H
G	B	O	Y	S	E	N	B	E	R	R	Y	P	T	R	W
H	O	F	J	H	S	A	L	M	U	L	B	E	R	R	Y
C	L	O	V	I	U	I	A	T	I	I	S	B	R	V	V
L	T	T	S	R	M	C	C	Y	L	N	R	L	N	C	M
O	Y	E	S	E	I	N	K	Y	W	G	A	U	R	R	O
U	F	V	U	A	B	A	C	L	Y	O	S	E	B	A	T
D	L	B	C	T	N	E	U	R	E	N	P	B	I	N	J
B	L	A	C	K	B	E	R	R	Y	B	B	E	L	B	S
E	B	B	A	R	B	E	R	R	Y	E	E	R	B	E	R
R	R	C	H	E	B	V	A	T	Y	R	R	R	E	R	F
R	E	M	A	R	I	O	N	B	E	R	R	Y	R	R	Q
Y	C	R	E	N	G	F	T	K	N	Y	Y	O	R	Y	E
R	E	D	C	U	R	R	A	N	T	F	M	N	Y	Q	E
I	L	O	G	A	N	B	E	R	R	Y	S	O	E	C	S
E	S	T	R	A	W	B	E	R	R	Y	S	E	D	D	Z

Acai	Blueberry	Goji	Marion
Barberry	Boysenberry	Gooseberry	Mulberry
Bilberry	Cloudberry	Huckle	Raspberry
Blackberry	Cranberry	Lingon	Redcurrant
Blackcurrant	Elderberry	Logan	Strawberry

Birthday

S	I	S	A	E	T	G	R	F	G	I	F	T	S	R	O
E	I	S	D	C	A	R	D	A	R	A	J	L	C	P	N
E	A	K	O	E	R	Z	Y	C	C	O	M	E	S	I	G
C	O	W	M	N	L	D	Z	B	G	A	S	E	T	A	R
S	Q	E	S	C	U	P	C	A	K	E	I	T	S	I	I
A	N	E	S	T	D	A	J	L	C	K	E	N	I	O	M
I	Q	Q	E	H	N	R	T	L	O	F	O	O	D	N	Q
E	E	E	R	U	I	T	F	O	N	E	X	I	D	R	G
E	O	K	F	A	D	Y	C	O	E	S	N	I	C	E	U
H	R	F	E	L	L	F	C	N	L	T	K	E	N	K	E
S	P	N	P	C	R	C	A	E	E	I	C	I	N	G	S
U	R	S	I	G	H	F	G	I	N	V	I	T	E	S	T
C	A	K	E	F	C	A	N	D	L	E	S	A	E	M	S
O	R	N	V	H	M	H	P	I	Z	Z	A	L	X	P	D
F	R	N	T	A	S	R	U	P	F	E	E	E	L	E	U
X	R	D	C	I	P	C	E	T	Y	O	T	J	X	E	C

Age	Confetti	Frosting	Happy
Balloon	Cookies	Fun	Icing
Cake	Cupcake	Games	Invite
Candle	Festive	Gifts	Party
Card	Food	Guests	Pizza

Boats

V	S	Y	O	T	I	C	M	N	W	C	E	A	L	E	K
H	U	S	D	O	C	K	A	Y	M	I	M	M	Q	A	G
Y	H	S	K	D	A	E	P	F	F	B	O	D	B	S	S
P	F	Z	M	Y	C	Y	O	I	C	L	N	G	I	E	M
K	H	E	A	O	T	P	L	Z	L	H	M	O	S	D	P
L	R	K	R	F	T	I	S	C	I	V	T	I	D	P	G
E	S	S	I	F	A	O	A	O	S	A	U	T	M	S	E
O	D	R	N	S	I	I	R	N	O	R	E	I	C	P	D
F	D	Q	E	H	E	P	E	B	C	A	R	D	I	R	L
S	E	R	R	O	W	B	E	O	O	H	J	E	N	J	E
H	X	Y	K	R	L	F	S	A	S	A	O	I	P	R	J
I	R	L	I	E	I	E	E	R	E	N	T	R	S	I	A
P	A	D	D	L	E	O	E	D	A	A	N	Z	B	K	I
D	F	L	G	M	N	W	A	I	C	J	E	A	E	S	C
M	T	I	T	A	B	F	G	H	H	E	B	Q	B	U	I
O	G	C	C	N	E	D	V	E	S	T	B	E	N	A	S

Anchor	Kayak	Offshore	Sail
Canoe	Lifeboat	Onboard	Sea
Cruise	Marine	Paddle	Ship
Dock	Motorboat	Raft	Shrimp
Drift	Ocean	Row	Tide

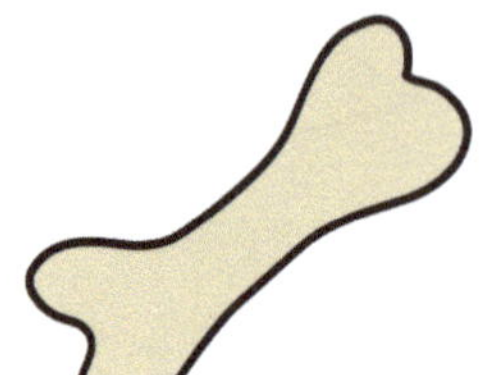

Bones

N	P	H	I	U	Q	Z	F	G	M	F	N	Q	B	R	J
P	I	R	G	R	H	P	P	I	H	U	M	E	R	U	S
S	O	G	U	R	C	U	M	S	B	U	L	N	A	T	N
I	I	A	J	A	X	S	S	N	I	U	R	S	T	S	A
N	N	L	N	H	M	C	H	Z	I	J	L	T	Y	E	E
H	C	C	R	U	M	A	E	O	W	L	T	A	L	U	S
P	U	O	M	U	M	P	L	E	U	T	L	P	U	S	O
T	S	C	R	L	A	H	V	L	F	L	F	E	E	O	M
I	A	C	U	R	N	O	Q	O	E	Z	D	S	X	C	E
L	A	Y	T	R	D	I	U	T	M	U	E	E	W	E	N
S	S	X	U	A	I	D	A	I	U	E	S	R	R	C	H
A	L	G	M	D	B	P	E	B	R	O	R	A	N	T	C
R	M	A	X	I	L	L	A	I	O	A	N	E	P	N	G
L	L	D	D	U	E	I	I	A	S	E	F	L	A	E	V
G	R	I	B	S	D	X	S	S	A	M	R	N	K	E	F
E	A	I	P	H	F	I	R	A	O	E	Y	V	Y	L	N

Coccyx	Malleus	Ribs	Talus
Femur	Mandible	Sacrum	Tibia
Fibula	Maxilla	Scaphoid	Trapezium
Humerus	Patella	Shoulder	Ulna
Incus	Radius	Stapes	Vomer

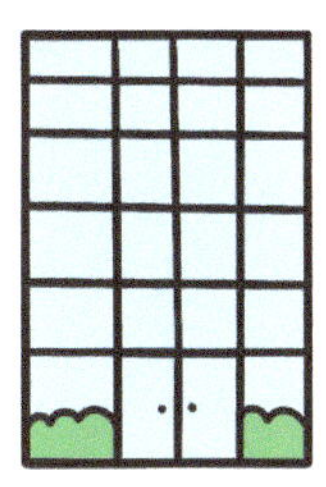

Buildings

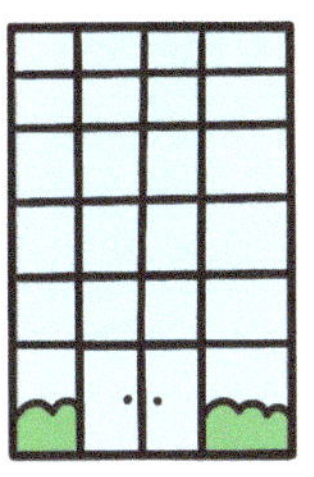

N	M	S	I	L	C	O	X	M	Y	P	C	P	I	H	J
E	A	G	C	D	C	F	O	R	T	R	E	S	S	V	R
B	L	Z	E	H	E	I	O	F	G	E	I	S	T	E	V
D	L	I	O	C	O	T	T	A	G	E	M	S	G	L	S
G	Y	M	B	A	A	O	A	C	S	T	I	P	N	T	U
M	D	D	W	R	X	A	L	T	A	Q	G	D	L	G	U
E	S	G	O	G	A	D	F	O	M	S	Q	U	E	E	C
Z	T	B	R	Z	W	R	Y	R	L	U	T	P	E	R	G
U	A	U	K	H	P	Y	Y	Y	E	E	S	L	N	P	R
L	D	N	S	O	D	O	E	L	O	D	G	E	E	E	O
E	I	K	H	C	L	L	X	S	T	V	G	X	U	C	I
M	U	E	O	A	R	E	N	A	S	A	E	D	T	M	T
N	M	R	P	B	A	R	N	S	R	F	N	M	T	L	C
M	R	Z	S	I	P	E	L	A	E	E	A	E	E	R	P
C	D	M	T	N	E	C	G	G	D	R	T	J	U	F	M
P	E	V	S	J	A	U	N	Q	E	V	N	E	K	G	G

Arena	Cottage	Gym	Museum
Barn	Duplex	Laboratory	School
Bunker	Factory	Library	Stadium
Cabin	Fortress	Lodge	Temple
Castle	Garage	Mall	Workshop

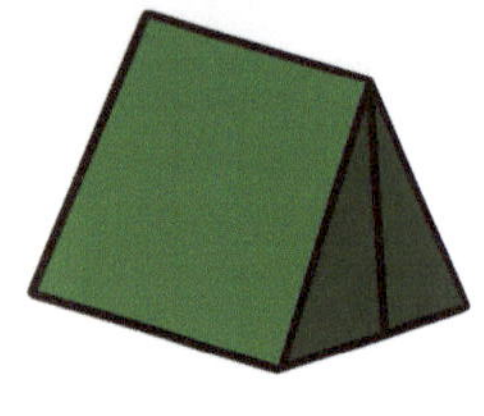

Camping

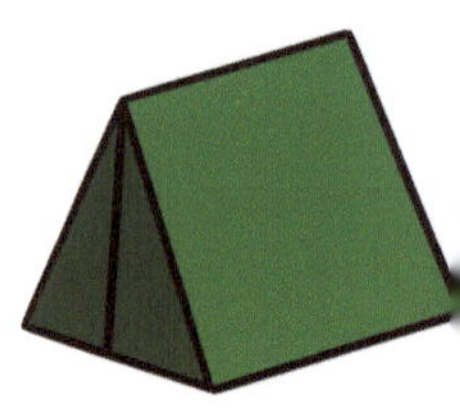

M	N	R	B	O	K	E	D	I	F	I	S	H	I	N	G
S	M	E	E	S	E	F	F	O	R	E	S	T	I	F	N
T	G	R	C	L	H	A	K	W	G	S	L	A	S	I	I
H	I	K	E	O	A	D	B	P	A	C	T	M	F	L	E
E	M	Z	N	U	M	N	B	P	F	N	E	M	L	S	E
N	N	Q	Z	P	M	S	M	S	U	P	V	V	A	T	G
R	S	E	O	A	O	O	L	O	J	K	E	E	S	T	X
E	C	I	E	F	C	A	M	P	F	I	R	E	H	X	H
D	X	L	A	C	K	H	S	G	L	U	G	L	L	R	R
O	K	G	I	Y	L	Q	U	F	T	T	R	A	I	L	O
E	I	S	H	M	C	M	M	N	N	S	E	K	G	G	J
I	I	N	X	Y	B	O	E	A	T	P	E	E	H	E	A
F	A	L	S	E	M	V	T	A	P	I	N	D	T	A	N
C	O	B	N	E	D	I	H	F	L	A	N	T	E	R	N
Y	R	F	B	A	C	K	P	A	C	K	B	G	A	E	X
Z	Q	O	X	T	W	T	E	N	O	T	H	W	Q	P	S

Adventure	Evergreen	Hammock	Lake
Backpack	Fishing	Hat	Lantern
Campfire	Flashlight	Hike	Map
Climb	Forest	Hunting	Mountain
Compass	Gear	Insect	Trail

Carnival

R	A	P	T	F	G	A	M	E	S	C	I	R	C	U	S
E	N	I	P	L	C	E	D	F	O	H	A	T	C	N	T
T	E	S	E	U	P	A	R	T	Y	E	E	F	O	I	T
F	Y	L	H	L	N	A	M	U	S	E	M	E	N	T	E
V	A	M	T	O	M	L	T	E	C	R	N	S	T	G	A
H	D	I	M	N	W	A	Y	N	R	F	S	T	E	T	S
T	C	E	L	E	B	R	A	T	E	U	T	I	S	L	S
N	L	T	B	O	E	M	N	E	G	L	K	V	T	R	E
E	Y	F	S	C	R	D	F	R	X	R	C	A	E	E	F
L	N	P	N	O	L	P	B	T	S	N	I	L	A	I	R
T	K	A	F	Y	T	O	O	A	E	P	G	Q	R	D	T
Z	D	R	E	H	E	H	W	I	M	G	P	F	P	L	F
B	E	A	D	S	T	F	E	N	U	G	R	S	S	C	T
P	O	P	C	O	R	N	Z	J	S	G	Q	K	X	B	X
W	E	E	O	E	M	K	F	A	I	R	A	E	Y	E	K
B	K	B	A	N	E	M	E	G	C	S	E	T	T	K	P

Amusement	Circus	Fair	Music
Beads	Clown	Festival	Party
Booth	Contest	Games	Performance
Celebrate	Dance	Jugglers	Popcorn
Cheerful	Entertain	Lemonade	Show

Castles

E	D	E	X	E	X	F	E	A	S	R	D	I	I	E	E
V	I	R	L	K	J	F	S	P	Z	E	T	P	A	T	E
U	H	P	I	T	I	T	O	T	S	I	R	S	Q	I	T
H	N	R	T	H	O	N	O	R	O	E	M	N	J	R	S
C	D	M	Y	O	L	I	I	R	T	O	R	Z	S	P	S
L	P	I	N	L	O	E	A	S	D	R	N	S	Z	S	N
E	A	R	M	O	R	E	E	G	U	U	E	Q	X	A	O
M	L	D	G	P	D	J	N	A	C	N	N	S	D	X	R
D	A	O	Y	A	E	I	Y	T	H	R	R	G	S	X	R
V	C	U	P	A	K	R	E	G	E	D	O	R	E	A	D
F	E	V	R	D	E	E	I	M	S	U	Y	W	A	O	Y
N	S	S	S	M	R	H	L	A	S	K	A	D	N	D	N
H	P	R	N	I	B	A	T	T	L	E	L	P	C	U	A
M	A	C	P	K	N	I	G	H	T	A	E	A	A	P	S
O	M	M	U	T	W	G	E	O	F	C	D	K	E	R	T
A	E	E	E	E	O	E	A	C	N	Y	F	B	R	E	Y

Armor	Duke	Highness	Knight
Battle	Dungeon	Honor	Lady
Crown	Dynasty	Imperial	Lord
Dragon	Empire	Jester	Palace
Duchess	Fortress	Kingdom	Royal

Cheese

S	G	D	L	E	E	M	H	H	S	U	B	E	N	A	C
N	E	M	A	C	A	P	E	L	L	A	O	O	K	N	P
E	R	R	D	C	B	O	U	R	S	A	U	L	T	C	J
X	F	F	E	F	O	E	I	E	B	T	Y	Z	O	X	H
M	R	X	L	A	N	R	E	P	A	E	S	F	E	L	F
A	C	Z	O	C	D	H	N	J	L	M	S	T	A	U	T
A	L	A	S	K	A	N	L	T	A	B	O	T	W	G	C
V	I	F	T	A	N	E	T	T	D	O	U	V	M	D	I
S	I	F	D	W	C	K	R	H	I	U	N	Y	G	G	F
N	A	U	F	I	E	E	Y	P	S	R	N	R	U	O	C
O	O	B	E	I	B	T	G	S	H	S	P	Z	V	I	N
G	L	B	B	A	L	A	T	O	N	I	C	Z	N	J	B
O	J	F	I	G	U	E	N	O	W	N	L	C	S	F	A
U	S	E	E	I	L	B	T	O	H	R	S	L	D	T	O
T	S	T	R	X	S	Z	I	T	N	N	I	D	Y	S	W
U	R	A	B	A	N	D	A	L	A	Q	O	E	Z	N	E

Abertam	Adelost	Boursault	Figue
Abondance	Baladi	Boursin	Filetta
Acapella	Balaton	Bouyssou	Gouda
Ackawi	Bandal	Caerphilly	Goutu
Acorn	Banon	Feta	Gowrie

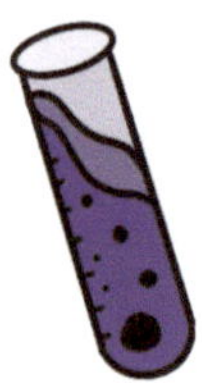

Chemistry

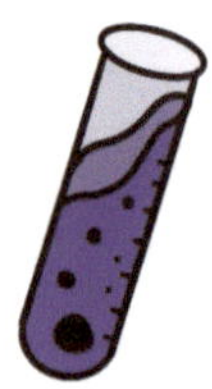

B	C	A	R	B	O	N	I	A	D	P	R	C	D	Y	M
E	A	R	S	E	N	I	C	A	B	I	M	N	A	U	L
R	L	G	V	E	P	X	G	C	H	R	O	M	I	U	M
Y	C	O	B	I	S	M	U	T	H	E	O	B	D	E	P
L	I	N	C	H	L	O	R	I	N	E	R	M	N	G	O
L	U	A	S	T	A	T	I	N	E	E	M	I	I	R	N
I	M	F	X	G	M	S	I	I	M	B	R	N	F	N	O
U	N	A	E	I	T	F	E	U	R	O	P	I	U	M	E
M	N	B	Z	L	E	E	I	M	U	R	O	O	T	A	O
K	S	R	A	I	N	R	O	L	D	O	Z	I	S	M	C
Z	T	B	S	R	H	M	F	E	N	N	S	A	E	I	O
C	O	G	O	O	I	I	N	O	E	A	H	P	I	P	A
C	Z	D	B	A	E	U	S	H	E	O	C	F	S	O	M
L	C	E	R	I	U	M	M	S	A	P	A	I	D	S	D
D	G	O	N	A	G	A	D	O	T	E	C	U	X	P	G
O	P	Y	R	X	C	T	O	C	E	S	S	E	N	D	H

Actinium	Beryllium	Calcium	Cobalt
Argon	Bismuth	Carbon	Erbium
Arsenic	Bohrium	Cerium	Europium
Astatine	Boron	Chlorine	Fermium
Barium	Bromine	Chromium	Fluorine

Clothes

Y	X	U	D	S	N	A	A	A	E	T	I	K	N	K	Z
T	S	S	F	A	S	O	I	T	R	I	C	A	P	T	S
Q	O	A	O	S	A	V	F	C	I	O	J	N	A	N	D
N	I	F	G	N	X	L	E	C	S	C	A	R	F	A	I
F	F	V	O	I	S	X	P	N	O	F	P	I	E	W	T
K	F	E	R	I	E	B	W	L	A	J	R	U	F	L	S
H	H	L	R	S	H	O	O	D	I	E	O	T	S	S	K
G	A	N	R	L	G	W	X	W	G	A	N	R	T	A	I
B	V	E	B	L	O	U	S	E	S	N	J	N	O	L	R
A	E	O	L	N	T	S	P	T	B	S	A	L	A	B	T
G	C	A	J	F	E	T	L	G	H	P	C	O	A	T	E
G	B	C	N	R	E	E	T	A	G	S	K	B	A	H	P
S	H	P	D	I	B	C	T	M	E	C	E	H	T	S	U
T	G	O	T	B	E	E	D	M	D	I	T	C	T	L	N
S	E	S	H	O	O	I	E	E	S	R	A	Y	M	W	O
N	Y	U	S	N	S	P	A	G	Q	E	R	E	I	H	O

Apron	Bow	Gown	Pants
Ballgown	Cap	Hat	Robe
Beanie	Cloak	Hoodie	Scarf
Belt	Coat	Jacket	Skirt
Blouse	Dress	Jeans	Sock

Coffee

N	M	E	M	C	L	M	I	L	K	W	K	N	I	E	I
K	M	P	B	L	A	C	K	S	P	R	F	H	A	D	P
U	Y	G	I	E	C	F	T	C	W	Z	K	T	S	Y	M
A	B	O	R	O	A	S	T	E	D	E	S	E	X	E	T
I	B	C	P	R	F	N	R	F	A	C	N	Q	T	E	E
I	W	I	O	I	F	B	S	L	A	I	D	J	N	R	I
T	B	I	T	T	E	R	L	A	S	D	Q	L	N	E	G
Z	L	X	X	F	I	I	S	V	L	A	M	X	C	O	O
E	E	G	R	I	N	D	P	O	U	R	U	M	I	V	N
E	N	D	F	A	E	U	B	R	A	E	G	H	E	G	I
F	D	Q	V	A	C	E	X	W	T	I	O	E	R	H	A
R	R	F	Z	S	C	S	H	A	R	I	H	G	R	O	T
K	I	P	Q	O	Q	A	L	D	T	Q	I	G	N	V	L
I	N	F	R	J	F	Z	K	O	O	B	E	T	E	O	I
G	K	S	E	N	E	T	T	S	S	G	T	A	O	E	N
S	E	R	X	Q	E	Q	R	Z	C	S	F	P	C	N	E

Beans	Bold	Drink	Pot
Bitter	Brew	Flavor	Pour
Black	Caffeine	Grind	Roasted
Blend	Cream	Milk	Vanilla
Boil	Cup	Mug	Warm

Colors

E	M	E	A	C	I	S	I	S	O	O	M	T	M	Y	I
E	W	Q	L	A	S	T	X	V	W	W	A	O	L	E	D
C	I	P	E	C	N	O	E	K	O	C	H	F	A	H	D
P	D	A	P	N	R	S	E	L	M	R	P	I	M	Y	G
Y	N	O	U	B	E	I	G	E	R	T	Y	I	T	O	E
G	G	B	R	O	W	N	M	O	M	O	E	E	N	E	S
D	R	O	P	A	E	D	E	S	M	B	L	A	C	K	A
N	S	E	L	H	N	I	V	I	O	O	L	Q	V	T	S
X	E	E	E	D	R	G	I	L	I	N	O	U	V	U	D
N	B	C	E	N	A	O	E	V	K	T	W	A	E	A	L
N	A	R	G	W	C	H	H	E	O	E	Y	L	O	C	D
Z	T	O	H	U	K	S	R	R	S	A	W	A	L	E	E
D	N	I	O	N	E	C	M	S	R	L	R	M	B	S	X
W	O	E	E	C	S	W	H	G	D	U	Y	R	S	B	T
R	G	P	O	X	R	T	I	N	O	K	G	L	A	E	E
F	E	A	S	Z	K	D	N	L	W	S	O	C	L	G	T

Aqua	Crimson	Ivory	Silver
Beige	Gold	Orange	Teal
Black	Gray	Pink	Violet
Blue	Green	Purple	White
Brown	Indigo	Red	Yellow

Computers

E	G	U	R	I	T	S	R	W	C	O	I	E	H	F	Q
Y	A	D	D	N	E	P	Q	C	W	A	Q	G	N	M	A
L	J	R	N	D	T	I	R	R	G	M	G	R	D	S	K
I	J	R	V	C	I	P	C	A	C	H	E	A	P	C	W
H	N	D	R	X	G	J	A	V	A	B	O	P	A	T	T
S	R	O	I	A	V	T	A	E	E	L	A	H	C	O	K
K	N	N	E	E	A	H	L	A	N	O	X	I	N	S	E
I	H	E	V	D	S	I	G	W	P	G	J	C	E	O	Y
D	N	O	U	I	F	R	O	B	R	O	W	S	E	R	B
T	I	I	H	H	N	D	R	C	H	D	V	E	T	S	O
P	G	I	B	L	S	C	I	N	T	E	R	N	E	T	A
I	R	E	D	I	G	I	T	A	L	S	N	C	M	Z	R
D	S	X	A	F	W	S	H	H	X	K	O	R	A	R	D
E	R	Q	E	R	O	G	M	X	I	T	Q	Y	I	E	L
D	F	A	O	H	U	I	A	E	D	O	X	P	L	D	T
T	A	B	R	B	Y	F	X	C	O	P	Y	T	T	L	S

Algorithm	Cache	Download	Hack
Apps	Copy	Email	Host
Blog	Data	Encrypt	Internet
Browser	Desktop	File	Java
Bug	Digital	Graphics	Keyboard

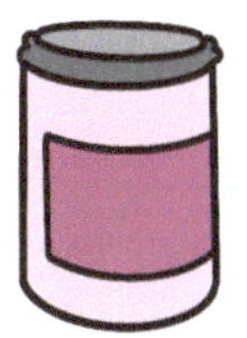

Containers

E	P	P	P	B	G	E	S	Y	P	I	E	F	L	G	M
C	E	I	I	A	Z	O	B	O	T	Z	R	V	B	S	P
E	D	R	P	G	O	P	I	L	F	P	M	J	I	H	E
C	I	R	U	F	L	B	X	P	O	U	C	H	N	A	A
U	A	J	R	S	H	O	L	D	E	R	O	C	D	Z	S
S	K	N	E	U	B	T	C	T	S	S	L	F	J	S	T
I	I	A	P	H	P	T	A	K	R	E	R	F	A	S	G
O	P	N	C	A	O	L	E	Y	E	I	A	L	R	B	L
E	L	N	A	M	C	E	S	A	C	R	G	Q	D	D	S
I	U	Z	R	P	K	K	P	S	T	L	F	T	N	N	F
L	G	E	T	E	E	E	E	M	N	N	N	I	E	R	E
P	G	E	O	R	T	E	A	T	S	E	N	L	N	N	J
I	A	A	N	A	B	O	V	E	U	J	E	T	S	I	H
R	G	I	R	I	C	I	S	S	P	S	U	D	F	C	T
D	E	C	L	C	E	E	X	Z	P	O	T	L	E	E	L
C	M	G	N	E	S	W	H	N	O	A	S	S	M	E	J

Bag	Carton	Jar	Packet
Bin	Crate	Jug	Pail
Bottle	Glass	Locker	Pocket
Box	Hamper	Luggage	Pouch
Can	Holder	Lunchbox	Purse

Countries

G	H	L	E	I	R	G	F	B	D	M	J	S	S	Y	F
S	A	D	Q	A	T	A	R	N	N	X	Y	W	N	D	X
E	S	A	B	U	R	S	A	E	L	T	M	O	R	I	E
Y	M	S	R	S	D	L	N	N	E	I	E	E	J	V	A
E	T	E	A	A	E	T	C	P	E	C	B	G	A	I	C
S	P	M	Z	C	N	G	E	J	A	R	E	Y	P	S	R
S	A	O	I	H	M	M	P	E	B	H	M	P	A	J	V
L	M	E	L	Z	A	A	R	M	N	A	F	T	N	R	S
O	P	R	E	O	R	O	L	L	O	I	T	A	L	Y	Q
V	K	S	B	R	K	L	E	A	R	T	W	S	E	E	S
E	V	E	O	P	I	T	E	P	W	I	I	M	E	I	M
N	I	D	L	C	U	B	A	E	A	I	I	S	R	P	A
I	N	W	H	S	I	P	D	T	Y	H	N	L	Y	A	C
A	R	H	O	E	A	G	N	I	S	T	E	V	B	M	M
H	A	S	T	L	E	S	D	R	D	E	J	I	I	I	H
D	I	N	Y	L	W	E	F	E	M	E	L	Y	O	S	Y

Andorra	France	Japan	Peru
Brazil	Greece	Korea	Qatar
Cuba	Haiti	Libya	Slovenia
Denmark	Iceland	Malawi	Taiwan
Egypt	Italy	Norway	USA

Dances

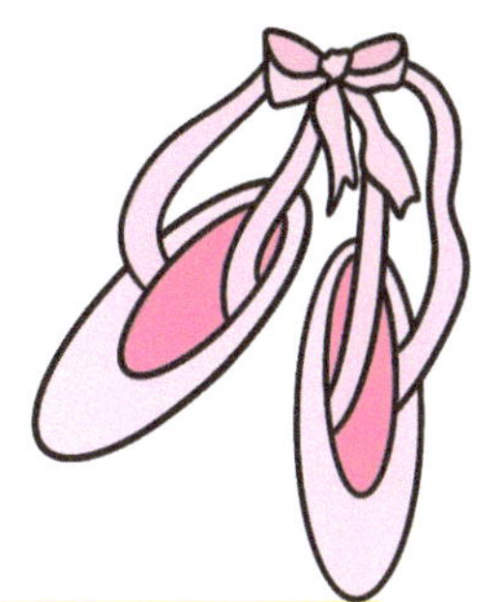

Z	E	E	Q	Q	M	A	D	S	A	P	K	H	C	B	Z
D	I	F	A	H	U	L	A	A	N	H	A	S	P	T	I
C	H	A	C	H	A	B	A	L	L	E	T	P	L	A	N
F	O	L	A	C	R	O	O	S	I	O	H	A	N	P	X
F	M	E	I	K	S	O	O	A	C	L	W	E	J	D	V
H	B	C	L	R	E	W	R	S	T	I	R	O	E	A	S
I	C	E	D	A	N	C	I	N	G	A	T	W	D	N	R
P	T	S	L	O	W	D	A	N	C	E	N	C	B	C	N
H	V	A	B	L	E	E	A	A	G	K	K	G	R	E	Z
O	D	M	K	A	Y	O	M	K	E	T	C	R	O	O	J
P	I	R	I	S	H	D	A	N	C	E	S	R	A	D	E
L	R	J	A	Z	Z	D	A	N	C	E	Y	Z	E	G	H
E	B	R	E	A	K	D	A	N	C	E	K	A	N	N	Z
S	Q	U	A	R	E	D	A	N	C	E	Y	Q	O	F	P
E	G	R	H	I	E	P	M	Z	A	E	L	X	S	U	G
L	Z	R	C	K	E	A	G	P	N	S	O	B	Q	Y	O

Acro	Disco	Jazzdance	Squaredance
Ballet	Hiphop	Limbo	Swing
Bellydance	Hula	Macarena	Tango
Breakdance	Icedancing	Salsa	Tapdance
Chacha	Irishdance	Slowdance	Waltz

Dentist

X	P	Y	X	G	A	W	O	S	B	P	E	N	P	N	D
N	H	W	S	B	O	B	O	S	A	B	Q	V	O	C	E
U	W	K	N	E	R	G	M	I	N	M	S	Q	D	F	H
O	A	C	H	E	D	U	A	M	D	C	N	T	E	L	X
S	F	G	D	I	G	P	S	R	S	E	B	F	C	H	I
C	E	C	E	T	C	A	V	H	G	F	I	E	A	R	H
I	F	A	D	D	R	R	H	E	A	L	T	H	Y	K	Y
L	L	I	R	E	O	Z	N	G	M	U	E	A	U	D	R
G	O	G	C	N	W	I	A	E	B	O	I	E	C	E	O
R	S	S	N	T	N	B	X	H	M	R	U	B	M	C	I
N	O	N	C	A	V	I	T	Y	E	I	I	T	A	K	R
K	H	R	C	L	P	E	O	T	O	D	D	D	H	L	N
O	E	V	H	O	G	J	C	E	W	E	E	T	G	R	S
G	H	M	E	B	R	A	C	E	S	T	D	G	G	E	G
I	C	D	W	C	B	W	E	T	P	E	L	E	Y	S	E
E	R	G	R	P	E	D	F	H	T	O	T	S	E	O	D

Ache	Bridge	Crown	Gums
Bacteria	Brush	Decay	Healthy
Bands	Canine	Dental	Jaw
Bite	Cavity	Fluoride	Mouth
Braces	Chew	Gargle	Teeth

Desserts

L	H	N	T	L	L	O	A	P	S	M	U	K	M	E	C
G	L	P	P	D	U	L	R	O	W	O	W	L	A	T	W
S	O	R	B	E	T	B	F	F	U	K	T	M	C	J	G
M	L	D	E	M	I	Q	U	R	A	B	I	Y	A	F	T
S	L	V	V	C	S	Y	T	U	E	R	R	S	R	A	T
K	I	U	E	O	U	U	V	I	C	K	A	T	O	S	I
I	P	C	A	D	N	P	P	T	Q	E	M	T	N	M	A
I	O	P	E	H	F	E	C	C	K	Y	I	A	E	E	V
E	P	I	G	C	L	N	G	A	O	F	S	H	Q	S	A
J	Z	U	D	P	R	G	C	K	K	O	U	R	E	M	T
B	O	H	P	E	S	E	O	E	N	E	K	D	P	O	E
D	P	A	S	O	S	X	A	N	G	O	S	I	G	R	C
M	C	S	K	E	Y	L	I	M	E	P	I	E	E	E	L
P	I	N	E	A	P	P	L	E	C	A	K	E	A	S	A
O	S	H	I	J	O	E	N	S	S	M	O	J	L	P	I
G	C	S	P	C	M	L	A	D	Y	F	I	N	G	E	R

Applepie	Doughnut	Keylimepie	Qurabiya
Cake	Eclair	Ladyfinger	Smores
Cheesecake	Fruitcake	Lollipop	Tiramisu
Cookies	Fudge	Macaron	Sorbet
Cupcakes	Icecream	Pineapplecake	Xango

Dinosaurs

D E O O N H Q R E W E A I Y S D
L T X S L Y O B R H R D H D M I
L H A E R O S T E O N J E C E L
K I L E S K U S T P C N L C E O
E O A C S R F A L C A R I U S N
E X I H S I N G E N I A D O E G
D Y A I T E N I G U A N O D O N
M A I N V E I L O K E L E S I A
A P R O O O V I R A P T O R T I
R E R D M C T S Z J E X P S A Q
K F I O K A E A G U S T I N I A
A L T N P F G U A N L O N G N A
S S A I G O Z R A P T O R A E D
O R T S D P K U U E I Z A H R M
S I O C I P M S C G S H T S A G
C C R N E E P W M G K O L N F I

Aerosteon
Afrovenator
Agilisaurus
Agustinia
Citipati
Dilong
Echinodon
Edmarka
Falcarius
Guanlong
Iguanodon
Ilokelesia
Ingenia
Irritator
Khaan
Kileskus
Kol
Oviraptor
Oxalaia
Ozraptor

Dogs

T	R	A	Q	S	O	R	L	K	T	S	X	E	A	T	O
A	I	S	I	B	A	R	B	E	T	D	N	L	U	W	H
H	S	M	A	D	F	L	P	A	T	T	I	I	R	C	A
O	B	C	E	J	E	P	U	Y	W	T	N	T	Y	M	G
K	A	N	N	I	I	N	E	K	R	H	A	O	X	B	N
S	K	O	L	H	S	N	R	S	I	B	C	E	W	D	T
R	I	V	W	A	T	E	D	A	I	I	H	S	Y	D	E
L	T	I	E	R	N	Q	R	O	N	E	I	E	C	E	F
K	A	Z	A	R	K	D	G	F	T	W	H	S	P	E	A
O	S	S	F	I	S	B	S	U	N	E	U	H	T	E	A
M	A	L	T	E	S	E	N	E	U	R	A	S	I	E	R
B	B	A	N	R	E	A	G	R	E	Y	H	O	U	N	D
A	S	R	C	D	G	G	G	D	Z	R	U	T	R	Q	H
H	Z	E	R	I	K	L	D	A	L	M	A	T	I	A	N
I	F	T	A	P	R	E	E	N	W	E	E	K	E	L	M
S	C	T	H	F	R	M	L	L	C	I	H	H	U	L	L

Akitas	Dalmatian	Jindo	Patti
Barbet	Eurasier	Kanni	Saluki
Beagle	Feist	Komba	Taigan
Biewer	Greyhound	Landseer	Vizsla
Chihuahua	Harrier	Maltese	Whippet

Driving

T	I	I	C	L	T	I	N	O	Q	C	B	M	K	H	O
A	L	L	N	Q	W	O	N	C	E	U	N	Z	O	C	N
E	S	M	R	E	H	H	H	S	E	R	F	M	I	V	U
T	E	A	D	Z	E	E	G	D	Z	V	O	E	E	S	C
S	G	S	E	B	D	T	I	A	E	E	F	I	R	A	C
P	X	F	P	L	R	R	Y	N	S	F	L	H	S	F	P
E	A	I	G	I	A	A	I	R	B	A	G	M	D	D	D
N	Q	U	W	G	W	F	K	V	D	E	E	A	A	H	J
W	E	N	T	H	C	F	E	E	E	K	O	P	M	A	E
U	E	C	G	T	C	I	P	S	S	R	I	O	U	S	A
M	X	I	P	S	A	C	E	G	N	P	L	J	M	N	O
C	H	S	L	M	I	L	E	G	N	A	E	O	S	A	J
C	A	R	P	O	O	L	I	C	E	N	S	E	V	S	E
F	U	E	L	T	O	P	S	L	H	G	O	O	E	A	H
I	S	G	S	O	I	P	P	E	T	E	Z	Q	F	S	R
A	T	I	O	R	L	K	T	P	S	B	B	R	P	T	W

Airbag	Exhaust	Lights	Oil
Brakes	Fuel	Loop	Pedal
Carpool	Gas	Map	Ride
Curve	Highway	Mile	Road
Driver	License	Motor	Traffic

Emotions

```
N Q T O H V F N N S X H Q H Z D
S U R P R I S E I E E C S H T C
L K U T L E C M A D N H J D R E
J L S I S T C D N R S F E R X O
S S T M E B N E G T C T A Y I V
P A N I C I A L R V S I L D T Q
N H U S K E E I Y U W R O N E O
E Q P M E C Y G A S E R U R Y G
S L C E E H T H R P T I S P R D
A G H B N E X T F E E T P Y R O
E N T N O E G E U N V A Q M D I
T A I E O R R D E E H T Y E P H
E U H F R F E V R E L I E F S L
W L Z I P U E D O N S O L R I S
T A I R A L D I O U E N R N A Z
R T B L A Z Y D E M S J G E L N
```

Angry	Fear	Kind	Panic
Boredom	Greedy	Lazy	Quiet
Cheerful	Happy	Mad	Relief
Delighted	Irritation	Nervous	Surprise
Exhausted	Jealous	Optimism	Trust

S J K E R O S E R C V E R N S E
E N A Y O H P W C A O S E S I W
L V I C V Q O O I L W A F M K R
S I D T Y S W I N D M I L L I V
C H S L M I E T U N S C E S N F
B E T B R X R R C T T S C Z V A
T A I E M G N A L C S H T O E S
R T E N Q E A N E E S R I N R U
Q C U A M R G S U R B E L C T N
B A T T E R Y A S R R G N I E L
I R E I G G B E W A A R R G R I
O B M I Y R P N E A J D O N Q G
F O I J O B E L E C T R I C Z H
U N T S T L C E G C D T J A G T
E B B L G U R N N Y P H C A T K
L A W P N R E T H H R T K D E E

Absorb	Electric	Inverter	Power
Battery	Gas	Megawatt	Radiate
Biofuel	Green	Nuclear	Reflect
Carbon	Heat	Nucleus	Sunlight
Coal	Hydrogen	Oil	Windmill

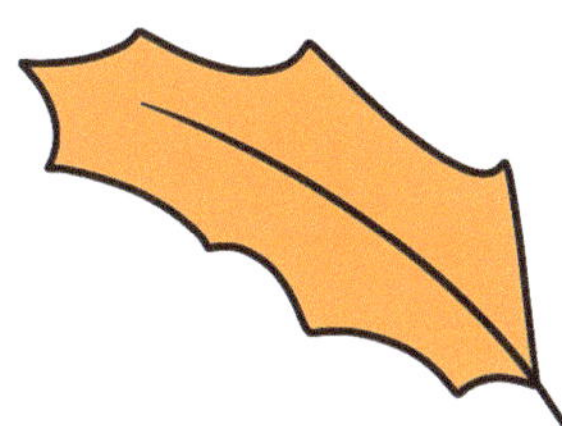

Fall

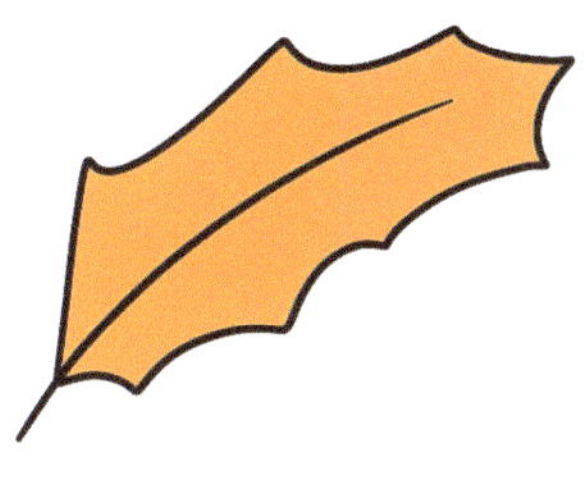

T	R	N	P	A	S	H	P	R	K	G	O	E	D	S	N
L	E	A	W	O	C	Q	F	C	F	E	P	P	T	V	F
E	R	U	K	O	C	O	U	R	V	E	I	U	C	D	S
A	P	P	L	E	T	T	R	A	I	H	N	M	P	E	W
F	O	M	J	B	N	T	O	N	S	T	E	P	N	Z	C
U	S	B	O	T	H	H	A	B	S	H	C	K	E	Z	E
N	F	X	B	N	A	A	A	E	E	A	O	I	J	Z	D
G	E	E	O	C	S	D	H	R	R	R	N	N	D	N	D
C	E	U	N	M	P	C	O	R	V	B	E	Y	N	C	N
I	N	E	R	E	I	H	A	Y	A	E	Z	N	N	A	N
M	E	I	R	W	D	R	E	R	N	I	S	E	T	A	E
E	Y	R	R	C	E	K	N	E	E	P	K	T	T	N	A
E	F	D	O	D	R	S	U	M	M	C	M	N	H	R	R
O	N	I	I	U	D	I	T	P	R	C	R	M	U	R	B
N	G	C	T	E	G	G	S	P	S	O	A	O	R	E	N
F	S	L	J	O	A	O	A	P	C	A	E	F	W	O	B

Acorn	Cranberry	Nuts	Scarecrow
Apple	Crisp	October	Spider
Chestnuts	Harvest	Pinecone	Squash
Cider	Hay	Pumpkin	Turkey
Corn	Leaf	Rake	Web

Family

R	G	J	U	J	H	D	D	T	T	F	E	X	A	D	A
O	D	A	U	G	H	T	E	R	C	M	T	Y	A	D	U
Z	L	S	A	N	C	E	S	T	O	R	L	S	D	X	C
Q	F	P	F	H	H	T	C	H	U	W	W	X	W	N	E
D	J	M	O	N	I	X	E	E	S	N	A	E	L	P	I
I	N	H	L	H	L	A	N	D	I	O	C	R	O	B	E
B	N	N	K	H	D	U	D	R	N	R	K	L	V	Q	E
T	L	F	S	A	R	N	A	A	E	R	D	T	E	I	S
M	L	O	A	E	E	T	N	H	D	M	O	M	W	P	Q
G	S	S	H	N	N	R	T	E	A	A	N	S	B	N	E
D	R	T	V	S	T	O	S	D	P	M	E	O	R	I	F
U	A	E	E	G	R	A	N	D	M	A	T	X	E	T	M
F	M	R	F	B	X	E	N	T	R	Z	X	S	D	S	V
E	N	J	L	R	I	A	J	H	R	T	C	N	J	R	G
N	O	S	P	R	R	T	R	N	E	E	U	S	E	V	H
N	S	I	F	G	D	I	S	E	X	E	X	E	C	S	S

Ancestor	Dad	Foster	Infant
Aunt	Daughter	Friend	Love
Brother	Descendant	Grandma	Mama
Children	Father	Grandpa	Mom
Cousin	Folks	Home	Uncle

Farm

R	A	N	A	S	I	U	P	S	C	K	N	G	T	F	H
N	X	B	E	C	I	M	Z	I	P	I	R	U	R	H	E
H	E	S	A	O	C	X	T	N	S	T	C	L	G	V	U
T	S	Y	N	R	A	G	V	Q	S	H	O	V	E	L	C
H	A	S	H	B	N	A	H	E	E	V	W	E	R	F	I
H	T	E	E	N	I	G	V	Z	V	A	X	L	K	H	Q
X	S	G	L	Q	M	R	R	H	Q	O	N	N	X	I	P
E	G	G	Q	R	A	O	J	A	A	D	R	Y	A	E	I
C	B	C	T	H	L	O	C	M	I	O	W	M	E	E	G
D	I	T	F	E	S	S	X	B	T	N	H	H	I	O	S
R	U	H	T	J	L	T	R	C	E	K	S	A	H	G	E
S	O	Z	R	C	K	E	A	R	F	E	N	C	E	E	G
N	F	A	R	M	E	R	B	O	G	Y	N	R	D	O	N
E	S	E	T	N	T	H	B	P	E	A	C	A	E	I	E
Z	K	D	T	S	T	F	I	S	R	A	E	M	O	D	Q
H	A	I	N	I	I	U	T	I	M	R	E	U	V	N	F

Acre	Donkey	Harvest	Ranch
Animals	Egg	Hay	Rooster
Barn	Fence	Oats	Sheep
Cow	Farmer	Pig	Shovel
Crops	Grains	Rabbit	Tractor

Fish

```
A L M V S P S H F N L A K E F R
F C L N B H O M H L P R L S L T
V M E P C H U B C A R P A S O T
M T B O D S I N E H S I M W U L
Y A P A R G D I A E I K P O N T
Z S C P S D R N O C Y E R R D E
N B S E N S I H P K E T E D E T
N A A X E N C T I E E P Y F R M
A R A J O R F A R K I K O I I F
E B A M E S R M A R L I N S N M
C M L P L S B L N T R V A H E E
G A I D Z R O R H U N V S E E R
S B O N I T O F A N C H O V Y E
H C S O N T G P S A R D I N E O
I H B J M O C B G O C I L F E L
T P I M I A W T R S L Q Z G O W
```

Anchovy	Chub	Lamprey	Piranhas
Barb	Cod	Marlin	Salmon
Bass	Flounder	Minnow	Sardine
Bonito	Koi	Perch	Swordfish
Carp	Laketrout	Pike	Tuna

Fitness

```
Q S E F C S W N I R N P A V T F
I Y M W E P G Y R G G O S H G E
L F E I O N M Z S D P R O X I E
L I W E I G H T S U E A L F Y K
A T S K M N Y B M R T N T D A I
E G L E D S C R O P S E G U I E
A A Y I M N A E A G P N Z M K N
W C B M B W T A P O W E R B C R
D T T I A E D T L O S A T B O O
R I T Z L R M H Z I L E O E E D
A V S H A I H E C O E R T L A R
K E T P N U T R I T I O N L R I
M A M C C A E Y A E I B T S G V
A U W I E X T I M O T I V A T E
J O G M E F E A V A G C L I I O
N O E K S H L N E M U S C L E S
```

Ability	Breathe	Gym	Nutrition
Active	Drive	Jog	Power
Aerobics	Dumbbells	Jump	Walking
Athlete	Exercise	Motivate	Warmup
Balance	Fit	Muscles	Weights

Flowers

D	E	T	C	R	Z	D	P	S	P	H	N	J	H	J	F
Y	A	R	R	O	W	F	U	I	E	N	J	V	A	A	E
R	I	H	S	S	W	L	L	P	O	P	P	Y	M	F	E
U	L	W	L	E	O	U	P	A	N	S	Y	A	N	O	I
M	H	A	S	I	T	V	R	A	Y	E	G	I	C	S	W
A	O	S	D	L	A	T	I	Q	S	T	J	E	R	U	R
R	L	A	E	A	E	L	M	N	M	T	O	O	S	E	H
I	L	L	V	V	L	L	R	E	C	D	E	R	X	S	O
G	Y	I	R	E	D	I	O	F	M	A	F	R	K	A	O
O	H	L	M	N	D	R	S	O	T	P	C	O	H	F	O
L	O	A	L	D	S	I	E	X	D	W	R	V	E	E	G
D	C	C	E	E	L	S	C	G	N	W	H	O	S	L	I
A	K	E	R	R	I	A	L	L	O	A	D	E	X	Q	S
E	S	N	P	U	T	S	Q	O	N	F	J	J	C	G	C
O	U	C	J	B	O	I	U	V	J	A	G	I	K	H	I
B	E	L	L	F	L	O	W	E	R	O	J	E	F	S	B

Aster	Gladiolus	Lilac	Primrose
Bellflower	Hollyhock	Marigold	Tulip
Camellia	Iris	Pansy	Rose
Dahlia	Kerria	Peony	Vinca
Foxglove	Lavender	Poppy	Yarrow

Fruits

S	D	F	T	H	D	S	A	F	S	J	S	M	E	T	H
W	S	B	J	S	U	E	M	S	W	E	S	B	L	G	S
A	C	W	C	E	R	S	T	E	C	K	T	E	D	E	O
E	P	T	S	P	I	X	F	P	R	A	E	R	C	Z	K
R	T	A	M	A	A	A	R	E	I	F	A	A	S	P	L
M	E	V	N	P	N	A	D	N	T	E	P	I	F	M	A
A	S	O	E	A	M	K	I	I	P	N	P	U	E	X	T
N	T	C	N	Y	I	R	U	S	O	E	L	E	E	M	D
G	U	A	V	A	A	R	E	M	E	P	E	O	B	S	F
O	B	D	F	D	F	I	E	E	Q	L	P	N	B	V	C
O	D	O	N	E	R	L	H	E	F	U	J	S	U	U	C
R	F	A	P	R	I	C	O	T	S	M	A	M	L	V	I
A	M	A	E	F	Y	J	S	O	S	S	J	T	R	Y	M
N	R	H	E	L	I	S	O	M	C	R	N	Q	C	O	L
G	C	N	R	C	M	G	R	A	P	E	S	U	I	F	Z
E	B	H	R	E	A	T	S	O	L	A	H	R	Y	G	J

Apple	Durian	Guava	Mango
Apricots	Feijoa	Kumquat	Orange
Avocado	Figs	Lemon	Papaya
Banana	Grapefruit	Lychee	Pear
Cherries	Grapes	Mandarin	Plums

```
G A O D A C N N D R E S S E R P
S P E B R R P N C S R J A P J I
E I I O P M M P A N T R Y Q K L
A R B J A C G C A R P E T U R L
C I E C E L K U H D X M O S S O
C I D G T O V R H A T I E S B W
H H E M O E X T O E I R E H E A
I W A B D T R A N O Q R Z E D T
G R M I G T H I C T T O I L H T
A E N E R C B N L T Y R I F S E
A C S Z N A A S A O O U T F T X
H T A E C A M M M M E G I E I S
E E B S T O O L P A I E I N O W
T U T N S W U E Z N E H P V N V
S J Z E T O S C D H E S J L S D
G E N E H E A M H S E Y F N I I
```

Armchair	Carpet	Dresser	Pantry
Bed	Chair	Lamp	Pillow
Bench	Couch	Mattress	Rug
Bookcase	Crib	Mirror	Shelf
Cabinet	Curtains	Ottoman	Stool

Gemstones

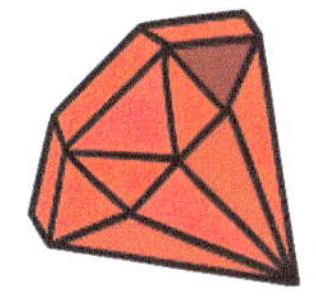

S E N C S A Z S W X L P N E N I
M I A N M T U L Y P A V E D Z C
E R A Q I A F N G B P E Z E M A
J H K M O C O P A L I M X B R U
C A S H P G S H R O S O L I T E
C S O M A M B E R O I D E X H C
E C R A L C D O F D Z N A B U V
N A Y J M L K H R S D B M I L N
Q N N A A E N M K T N U E T I W
C B L R N S T H A O E R T E T I
F A E H D I P H C N G M R L E O
P M T T I H T I Y E I I I L S O
E F T S T U N E L S O T N R Q O
D H F V E R D E L I T E E P K I
R R U L G Y N T E E T J C L E A
O U C H R H E C T X E E A C O F

Almandite
Amberoid
Amethyst
Ametrine
Bixbite
Bloodstone
Bort
Burmite
Catseye
Copal
Cyanite
Emerald
Hackmanite
Jaspilite
Lapis
Onyx
Opal
Rosolite
Thulite
Verdelite

Good Luck Symbols

O	I	J	N	F	S	E	X	P	H	S	W	E	I	N	F
D	E	E	C	M	Z	T	O	R	T	O	I	S	E	S	P
H	I	L	R	D	S	S	L	N	N	E	S	H	O	Z	A
F	G	A	Y	T	E	E	A	N	S	S	H	O	R	E	D
R	H	O	S	L	X	H	D	S	W	R	B	R	D	U	F
C	T	E	T	N	P	E	Y	O	E	M	O	S	E	H	B
E	B	R	A	E	U	T	B	D	A	V	N	E	V	G	R
X	U	V	L	I	T	N	U	B	W	I	E	S	V	I	F
T	D	E	S	N	I	C	G	T	H	P	S	N	O	O	I
Q	D	E	D	A	U	S	S	P	N	K	R	Y	G	L	C
I	H	N	R	H	R	D	L	P	D	R	A	C	S	P	D
E	A	T	A	E	G	O	L	D	F	I	S	H	A	I	V
H	D	C	G	M	D	E	G	A	K	T	F	P	K	I	S
O	F	I	O	P	B	M	E	C	R	E	I	I	E	R	E
P	T	E	N	R	E	E	O	A	M	C	E	E	S	T	A
E	O	A	S	A	N	O	R	F	Q	T	P	S	N	F	Z

Acorn	Crystals	Goldfish	Seven
Amber	Dolphins	Hand	Tigers
Bamboo	Dragons	Horses	Tortoises
Buddha	Eight	Ladybugs	Turtles
Charms	Elephants	Rainbows	Wishbones

Happiness

T F Z L Y O R S J P Y J F E B R
E M L Z E C H I R P Y G L A D A
T H A O R O N A Y L T F E X Q D
S T I S H F B O T E R F T E E I
P M C D E N J O Y A B L E I R A
F U N E H A P P Y S E I F C Y N
Q L U L G E N T C A E S L R R T
P L O E X S A I L N I S O M A V
N F R V D M M M V T S L N E O R
H D E L E L U I A G G H R L Y V
R H D B L I S S F U L G O H E N
O E E S I N I T A R S M A V J E
E I X I G H N I C E A E P N L P
R S N C H N G C H E E R F U L E
E X C I T E D W L U I R T S D X
E T I R C C L F F A E Y N E M I

Amusing	Enjoyable	Great	Nice
Blissful	Excited	Happy	Optimistic
Cheerful	Fun	Joy	Pleasant
Chirpy	Glad	Love	Radiant
Delight	Glory	Merry	Satisfied

Herbs

S	Y	R	T	F	C	H	C	T	E	R	E	F	M	O	A
P	E	P	P	E	R	M	I	N	T	C	L	O	V	E	I
E	L	A	Y	N	E	O	L	P	D	K	F	R	L	O	X
A	F	R	R	U	J	L	A	V	E	N	D	E	R	G	K
R	R	S	S	G	Z	Z	N	U	T	M	E	G	E	Y	B
M	R	L	L	R	Q	C	T	T	E	E	B	A	T	Y	T
I	S	E	B	E	O	R	R	E	D	E	E	N	P	R	E
N	U	Y	A	E	R	L	O	O	N	G	R	O	Q	D	D
T	M	G	S	K	N	G	S	M	A	S	S	T	O	E	E
H	A	N	I	S	E	A	E	S	I	S	I	O	S	T	E
Y	C	A	L	E	R	R	M	F	Y	E	O	I	F	N	C
M	F	E	N	N	E	L	A	H	E	A	U	O	N	V	O
E	R	Q	S	G	S	I	R	O	E	G	S	E	S	R	S
C	O	M	N	E	R	C	Y	Y	G	P	E	A	N	J	I
I	M	I	N	T	H	T	B	A	O	E	F	W	I	I	O
I	G	E	N	Q	I	Y	N	N	G	F	J	E	I	V	E

Anise	Fenugreek	Mint	Rosemary
Basil	Garlic	Nutmeg	Sage
Cilantro	Ginger	Oregano	Spearmint
Clove	Hyssop	Parsley	Sumac
Fennel	Lavender	Peppermint	Thyme

Honey

M	Z	F	E	D	R	S	R	C	S	E	A	C	P	O	X
N	D	E	F	S	H	G	A	L	H	S	O	G	F	C	D
R	I	I	C	A	H	D	K	I	E	I	M	Q	X	E	E
C	N	E	C	T	A	R	T	Q	F	D	V	C	X	O	V
S	M	C	H	Y	R	M	Q	U	E	E	N	E	Q	Z	R
E	E	I	I	K	V	D	R	I	Z	Z	L	E	S	N	V
C	P	R	T	N	E	I	F	D	F	Q	Z	E	H	A	J
E	A	C	O	N	S	U	M	P	T	I	O	N	N	T	M
J	N	S	S	I	T	E	D	E	L	I	C	I	O	U	S
O	X	H	S	S	F	A	C	L	N	M	E	P	U	R	E
B	U	Z	Z	I	N	G	A	T	I	H	U	M	E	A	W
E	X	T	R	A	C	T	A	G	T	F	A	W	I	L	R
G	F	C	N	E	S	T	S	A	M	T	O	N	H	B	S
E	L	H	S	Y	N	R	S	N	D	L	M	T	C	E	B
N	U	T	R	I	T	I	O	N	F	A	T	I	I	E	L
A	M	C	D	C	E	S	H	A	G	L	I	H	I	S	V

Bees	Drizzle	Hives	Nectar
Buzzing	Enhance	Insect	Nests
Consumption	Extract	Jar	Nutrition
Crystallize	Flowers	Liquid	Pure
Delicious	Harvest	Natural	Queen

Hot Air Balloons

Q	N	K	E	X	K	P	M	S	U	Y	A	E	L	F	L
I	A	J	C	H	T	A	E	T	P	E	F	A	M	C	N
U	B	Q	E	L	I	R	D	F	U	S	C	L	M	C	T
V	H	A	I	R	U	Y	A	L	T	I	T	U	D	E	R
N	K	S	T	T	U	H	U	O	G	Q	F	U	T	L	O
M	S	Z	C	I	M	F	O	A	I	Q	A	K	M	E	W
H	N	I	D	Z	R	E	M	T	Y	O	R	O	P	V	Q
F	P	E	R	O	D	S	M	F	W	X	T	N	H	A	Y
I	E	I	L	D	O	T	H	O	C	E	N	S	B	T	T
N	A	O	E	I	E	I	X	E	R	V	G	F	I	I	K
F	C	G	F	T	T	V	T	K	B	I	X	R	U	O	O
H	E	Z	L	R	O	A	Z	F	E	E	E	I	E	N	C
E	F	K	Y	X	L	L	A	U	N	C	H	S	K	Y	M
I	U	Y	I	F	T	T	F	H	Y	R	F	E	O	N	D
O	L	R	N	P	W	C	S	O	E	G	A	S	S	A	A
H	E	I	G	H	T	B	X	F	D	L	M	S	S	A	R

- Air
- Altitude
- Colorful
- Elevation
- Fair
- Festival
- Float
- Flying
- Fun
- Gas
- Height
- Inflate
- Launch
- Magical
- Memories
- Peaceful
- Pictures
- Rise
- Sky
- Soar

Housings

S	U	N	B	T	O	E	G	T	E	P	T	M	L	F	K
H	T	X	U	T	X	E	I	B	U	N	G	A	L	O	W
A	M	H	I	E	B	I	C	N	E	L	P	N	T	J	E
C	H	C	L	R	G	D	O	M	N	C	A	S	T	L	E
K	O	P	D	O	J	O	T	Z	D	T	L	I	R	I	J
R	U	Y	I	S	O	R	T	M	U	A	A	O	T	W	N
D	S	E	N	L	A	M	A	H	D	L	C	N	G	E	T
Y	E	E	G	P	G	I	G	L	F	O	E	M	E	X	B
S	G	I	A	H	O	T	E	L	A	T	P	Z	N	D	O
S	W	N	B	N	M	O	T	E	L	M	A	X	C	H	D
S	G	O	I	R	M	R	E	I	Z	F	U	E	S	M	E
Y	E	B	S	I	E	Y	W	V	E	L	E	O	R	R	R
L	A	D	T	G	T	L	R	D	T	N	F	T	L	E	O
C	O	N	D	O	B	O	O	A	Z	H	K	X	A	Y	A
I	E	O	F	W	A	B	R	G	S	F	T	I	A	H	C
T	L	B	N	N	N	P	D	E	V	T	P	O	I	E	K

Apartment	Condo	House	Mansion
Building	Cottage	Hut	Motel
Bungalow	Dormitory	Inn	Palace
Cabin	Duplex	Igloo	Shack
Castle	Hotel	Lodge	Tent

Ice Cream Flavors

N F R W S I I B A I N C N R O E
B G A T I B S N L E M O N F B H
J A E D S O R P U U U I R E Q H
G C N E E N P E P P E R M I N T
O R O A N A S T R A W B E R R Y
C T A F N I M R N S L B E D T A
M T P P F A T J C S C E O R K K
R K P L E E C R C I T R M R R Z
O F L M Q N E A P O L I T A N Y
C G E A C O T T O N C A N D Y N
K V A N I L L A Y F K M D T M A
Y A A G S D T D G R E E N T E A
R F R O F U J Q F U D G E L L E
O I E O N C O O K I E D O U G H
A H C H O C O L A T E E D C S S
D N C G J I N I S Q Y R W U X H

Apple	Cookiedough	Lemon	Passionfruit
Banana	Cottoncandy	Mango	Peppermint
Blueberry	Fudge	Mint	Rockyroad
Chocolate	Grape	Neapolitan	Strawberry
Coffee	Greentea	Nut	Vanilla

Insects

```
I F N E M A N T I S O S C T G B
S A T C B E E S N U L Q N P M R
D L R A C K S W S F D R G I C C
N S D H C T A D E T H R I P S E
S F T I P L O A C E O O H M E Q
F I R E F L Y M E S V S L C M L
J C U M M E F S E T E I S M B I
Z S E I A T A E Y I R A L T E E
R I B H U Y B L L N F D Y R W N
E X U D T Y F F A K L A R W G C
U S G I E N R L D B I P K R H N
T N S N O E Y I Y U E P N G R N
N N O G T L H E B G S F H E E E
W H A T F P A S U S O S Z N K E
N R U S A N T S G V A C F S A T
D B U M B L E B E E T L E S F F
```

Ants	Butterflies	Fly	Mayfly
Aphid	Cricket	Honeybee	Stinkbugs
Bees	Damselflies	Hoverflies	Thrips
Beetles	Dragonfly	Ladybug	Truebugs
Bumblebee	Firefly	Mantis	Weevil

Islands

N	E	I	S	F	O	L	L	D	I	R	A	O	E	O	F
X	I	O	F	A	Q	B	A	H	A	M	A	S	I	K	J
X	H	N	C	S	M	C	A	P	R	I	E	N	S	U	L
I	T	F	D	V	C	E	A	N	G	U	I	L	L	A	C
S	F	E	I	E	Z	C	L	O	O	M	G	W	N	M	C
R	U	F	T	T	A	A	O	L	I	H	F	I	K	O	S
E	Z	I	B	N	H	D	N	B	I	P	G	U	S	R	E
S	G	J	A	H	C	H	I	O	S	E	O	B	G	G	I
H	A	I	T	I	R	A	S	K	A	V	Z	F	E	O	A
B	I	L	A	C	E	B	S	Y	R	I	O	S	S	S	E
K	E	L	M	O	I	A	O	M	C	A	D	L	T	T	A
B	B	R	I	R	E	C	S	A	U	A	S	H	E	N	G
N	I	R	M	F	H	O	H	F	B	Q	N	E	Y	B	S
O	D	S	W	U	C	S	E	U	A	G	L	S	N	O	O
B	T	A	Q	D	D	F	R	U	E	O	G	E	P	A	E
H	E	B	A	L	I	A	P	I	F	S	I	I	E	T	J

Abacos	Anguilla	Bermuda	Cuba
Aegina	Aruba	Bimini	Evia
Alonissos	Bahamas	Capri	Fiji
Amorgos	Bali	Chios	Gozo
Anacapa	Batam	Corfu	Haiti

P V D F E T T A R T Q K S A E A
E D E X L N D H H R S G H F S J
I F N A G S C K E E O I G N X G
A M U L E T C K E A R R I N G S
R M C A E R O B N E H F I F C K
M H R C W H R R C A B A N G L E
L O O O C G O A Z R H S T G H L
E R W R C F L C W C A C N P T O
T T N O I K L E Y U I I E F I N
L B O N C G A L O F R N X O A N
E T A E Q C L E S F P A U U R L
M D N T R E H T A L I T D D A E
A A K R B I D F O I N O E D A V
H N L T H O N X W N G R Z I B E
O S E R L S A G P K C D F P I L
N T T Z S N A X I S Y I H D B E

Amulet	Bracelet	Cufflinks	Hatpin
Anklet	Choker	Earrings	Necklace
Armlet	Corolla	Earcuff	Ring
Bangle	Coronet	Fascinator	Tiara
Bellychain	Crown	Hairpin	Toering

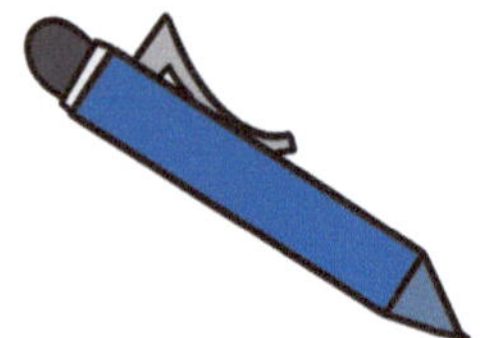

Jobs

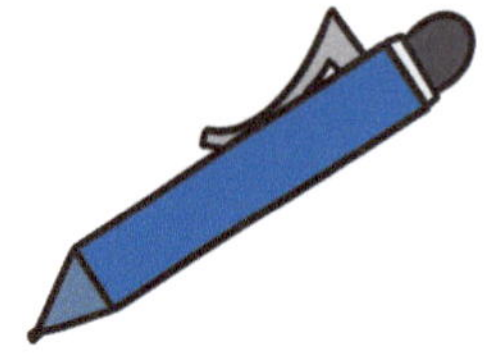

I	O	E	P	I	Z	W	N	F	E	X	R	T	R	J	R
L	I	F	A	I	V	G	A	R	D	E	N	E	R	O	E
R	L	M	M	T	U	I	D	G	Y	V	T	J	N	H	N
S	L	E	X	O	E	N	A	W	K	H	K	A	U	K	R
E	U	C	E	F	L	A	A	R	G	U	J	N	R	T	D
R	S	H	N	E	E	L	C	I	E	T	A	I	S	B	G
N	T	A	E	O	C	P	F	H	K	P	Z	T	E	U	B
C	R	N	D	C	T	E	M	E	E	S	O	O	A	I	C
H	A	I	R	D	R	E	S	S	E	R	O	R	U	L	H
R	T	C	E	I	I	H	L	A	U	P	L	P	T	D	F
S	O	B	F	O	C	R	Q	H	X	R	O	F	H	E	A
T	R	F	W	A	I	T	E	R	O	T	G	O	O	R	R
H	S	F	F	P	A	I	N	T	E	R	I	E	R	H	P
W	P	S	O	S	N	O	C	M	N	E	S	G	O	T	D
L	C	C	C	R	O	O	P	E	R	A	T	O	R	N	B
S	P	R	E	E	D	N	S	E	Z	K	A	D	R	F	T

Author	Firefighter	Lawyer	Reporter
Builder	Gardener	Mechanic	Surgeon
Cop	Hairdresser	Nurse	Teacher
Doctor	Illustrator	Operator	Waiter
Electrician	Janitor	Painter	Zoologist

Knitting

R	O	P	M	H	L	N	V	A	Z	O	L	B	C	S	E
H	S	P	O	G	I	P	V	O	A	C	H	U	N	K	Y
E	C	Q	N	N	O	S	P	Y	Y	A	E	T	R	H	M
B	H	R	E	O	Z	N	A	E	N	R	O	T	T	S	N
I	A	G	D	X	D	E	S	I	G	N	N	O	E	O	E
Y	I	S	I	F	T	W	Y	U	K	O	E	N	I	C	Y
F	N	C	K	F	I	F	E	P	I	J	A	S	A	K	C
W	C	A	A	E	T	B	I	H	F	E	S	B	I	S	O
B	O	R	C	N	T	L	S	G	K	A	R	E	A	I	E
A	C	V	O	E	S	A	T	T	P	N	G	L	E	D	K
S	E	E	L	C	F	N	D	Y	R	N	O	I	G	S	R
I	V	S	O	S	H	K	G	E	I	P	U	T	E	B	L
C	Q	R	R	Z	N	E	T	R	T	E	E	T	T	R	G
L	S	E	S	X	I	T	T	E	O	C	M	P	R	Y	E
A	R	T	S	Y	A	S	Y	H	S	A	E	O	L	V	T
T	N	F	S	P	N	R	E	W	E	F	C	E	E	P	F

Artsy	Chain	Design	Scarves
Basic	Chunky	Fashion	Slipknot
Basket	Colors	Gift	Socks
Blanket	Craft	Passion	String
Buttons	Crochet	Pattern	Yarn

Lakes

G	G	S	K	K	O	J	O	O	A	C	S	I	I	O	H
F	F	S	T	M	E	R	A	I	N	Y	E	K	I	W	A
A	Z	J	T	H	Q	U	L	L	E	N	R	A	O	P	C
U	D	E	A	N	Q	S	D	V	D	D	W	O	U	O	T
M	V	P	M	R	I	C	R	A	M	N	N	Y	P	N	K
O	F	Q	B	A	L	A	D	O	G	A	A	U	S	H	I
N	J	N	L	G	H	Y	V	I	T	G	B	C	C	S	D
L	G	Y	F	T	N	U	I	A	A	A	A	E	F	A	O
I	C	C	V	E	S	G	M	L	H	S	S	L	O	G	B
R	E	S	E	K	M	A	A	P	O	E	H	N	N	A	S
H	M	R	E	G	S	P	D	I	E	D	I	I	T	R	K
I	V	G	E	Y	E	E	A	S	N	N	R	N	A	D	I
E	C	B	I	T	J	U	N	O	U	A	I	D	N	E	E
A	F	L	M	U	O	V	L	J	B	P	R	R	A	A	E
W	F	O	R	O	F	E	Y	R	E	A	R	I	C	I	I
P	I	G	Y	M	S	O	N	E	G	A	U	D	P	I	E

Abashiri	Fontana	Kaoyu	Piso
Baringo	Garda	Ladoga	Qullen
Cayuga	Harveys	Matano	Rainy
Dobskie	Inari	Nagase	Sagar
Eyre	Junin	Onega	Tahoe

Languages

C	A	R	E	D	E	L	I	S	H	Z	E	E	O	T	S
K	P	Q	A	H	U	O	L	C	S	L	G	H	T	B	E
U	A	M	G	E	I	T	Q	P	R	U	S	S	I	A	N
C	A	A	R	A	B	I	C	A	H	I	N	J	F	E	S
Z	S	G	S	E	O	I	P	H	L	O	I	A	B	N	N
N	E	S	W	S	L	F	R	G	R	B	T	P	S	H	N
B	F	E	S	G	W	R	N	I	J	I	A	A	C	C	N
B	E	P	E	R	W	E	I	A	S	H	L	N	H	R	N
P	V	F	T	E	Q	N	D	T	S	H	I	E	I	O	B
H	E	U	R	E	S	C	O	I	U	H	A	S	N	A	E
H	E	B	E	K	N	H	N	E	S	R	N	E	E	T	N
G	E	R	M	A	N	A	A	I	M	H	K	M	S	I	G
H	D	C	E	G	D	E	L	K	F	C	E	I	E	A	A
E	N	R	S	L	T	O	E	C	H	V	E	M	S	N	L
N	O	K	W	D	P	I	V	V	H	R	M	U	A	H	I
K	V	T	J	E	U	T	W	A	J	L	J	Z	O	A	P

Albanian	Danish	Greek	Korean
Arabic	Dutch	Hebrew	Polish
Bengali	English	Irish	Russian
Chinese	French	Italian	Swedish
Croatian	German	Japanese	Turkish

Laundry

A	O	V	Z	H	B	N	D	W	C	I	T	E	E	K	E
C	V	O	C	N	S	W	K	T	Z	T	D	Y	E	S	S
E	A	T	O	Z	F	I	N	I	S	H	H	D	N	K	M
G	Y	E	L	C	Y	C	L	E	D	J	Q	I	Z	C	O
R	X	C	D	O	F	L	L	K	H	S	R	R	N	O	M
I	I	I	E	D	A	K	M	C	E	F	N	T	K	E	T
S	I	C	T	A	N	D	A	H	P	A	E	Y	T	E	E
P	R	E	E	I	N	E	T	T	E	B	W	A	S	H	G
O	V	E	R	F	L	O	W	L	F	R	C	B	S	L	G
C	S	W	G	B	L	X	C	W	E	I	G	E	H	W	E
H	O	N	E	C	E	L	T	T	L	C	P	S	D	S	O
K	C	T	N	N	N	I	X	E	F	A	E	T	M	T	E
T	K	R	T	E	B	R	D	R	Y	E	R	D	K	I	H
T	S	A	Q	O	T	E	Q	T	M	R	R	H	J	B	H
N	I	I	E	Q	N	E	P	N	A	C	D	S	X	L	E
G	S	E	D	F	E	N	T	S	V	M	O	E	O	W	M

Bleach	Cycle	Dyes	Rinse
Clean	Delicate	Fabric	Silk
Clothes	Detergent	Finish	Socks
Cold	Dirty	Load	Wash
Cotton	Dryer	Overflow	Wrinkles

Leaders

B	Y	T	B	O	Q	G	P	R	T	R	G	E	I	F	M
E	P	N	O	O	M	I	S	M	E	L	K	I	L	F	K
E	F	E	B	U	S	R	U	N	O	O	I	T	T	N	N
O	E	M	X	Z	O	S	W	O	K	N	N	M	N	J	E
F	S	P	A	E	H	O	N	O	R	A	G	O	M	L	H
I	P	E	B	O	C	F	M	W	R	O	S	F	A	Q	E
E	Y	R	H	S	E	U	Z	Y	N	Y	M	F	N	L	I
F	F	O	Z	A	P	T	T	D	T	E	C	I	A	L	A
E	N	R	G	E	H	C	H	I	E	F	A	C	G	V	J
G	C	G	U	I	I	J	R	C	V	T	P	E	E	I	T
Q	U	E	E	N	G	O	M	T	P	E	D	R	R	R	E
A	E	N	G	P	H	L	M	A	J	E	S	T	Y	W	R
C	H	E	A	T	N	G	C	T	Y	U	R	D	X	S	S
E	Z	R	U	H	E	A	D	O	H	O	D	C	P	L	P
X	E	A	A	M	S	X	V	R	A	T	R	G	X	K	E
S	Y	L	V	E	S	M	N	N	W	O	S	E	E	O	A

Authority	Emperor	Honor	Mayor
Boss	Executive	Judge	Officer
Captain	General	King	Owner
Chief	Head	Majesty	Queen
Dictator	Highness	Manager	Tyrant

Math

R	P	S	H	U	R	D	H	G	I	H	L	U	G	B	A
R	I	D	B	H	K	E	T	W	P	T	E	Y	E	A	T
P	A	I	Z	M	M	A	F	A	X	I	S	I	R	T	U
K	D	V	I	E	I	N	R	O	C	D	D	E	N	T	G
R	D	I	W	S	K	G	N	F	E	Y	T	Z	O	V	N
U	I	D	A	F	I	L	E	E	I	O	H	H	S	R	Z
N	T	E	E	O	R	E	T	I	I	S	F	F	A	Q	G
V	I	C	X	R	C	A	U	I	R	P	D	P	P	T	I
W	O	I	F	M	L	D	C	E	X	P	O	N	E	N	T
L	N	M	C	U	D	M	T	T	S	X	L	W	A	I	A
E	U	A	C	L	F	E	I	R	I	N	T	E	G	E	R
S	A	L	G	A	M	I	F	N	Y	O	U	O	V	O	E
J	A	Y	L	I	N	E	A	R	U	C	N	M	T	V	A
C	O	O	R	D	I	N	A	T	E	S	I	C	B	S	R
I	A	E	K	M	T	E	Q	U	A	L	A	H	R	E	T
I	P	M	Z	T	S	M	S	P	I	F	S	D	H	R	R

Addition	Coordinates	Factor	Linear
Angle	Decimal	Formula	Minus
Area	Divide	Fraction	Number
Axis	Equal	Graph	Perimeter
Calculate	Exponent	Integer	Sum

Measurements

N	M	D	O	E	Y	M	U	W	R	P	T	B	M	H	H
L	W	X	Q	O	E	F	V	X	D	I	I	R	P	E	I
T	T	E	O	J	N	G	F	O	D	N	E	U	D	R	F
Y	A	E	T	L	M	E	F	G	L	T	R	D	Y	Z	A
S	R	N	N	F	G	G	Y	A	E	U	H	O	P	S	A
N	U	I	A	R	K	E	M	M	N	C	M	Z	T	F	T
J	K	C	K	B	E	I	I	O	E	U	R	E	P	Q	D
G	J	F	A	A	C	T	L	N	C	E	T	N	Y	X	E
F	S	Z	E	E	N	L	L	O	T	H	M	O	A	Z	G
A	H	L	D	E	A	H	I	E	M	M	N	V	R	K	F
O	I	F	C	G	T	E	M	Z	W	E	P	E	D	F	O
H	N	A	R	E	A	I	E	D	B	P	T	P	Z	C	M
A	C	U	B	I	C	G	T	L	U	I	D	E	M	A	D
D	H	N	Z	E	R	H	E	C	L	L	I	H	R	R	F
A	F	H	D	L	E	T	R	G	K	X	Y	G	Y	S	W
G	T	F	T	K	E	G	H	L	I	H	R	O	D	N	N

Acre	Cup	Gallon	Liter
Area	Decimal	Gram	Millimeter
Bulk	Decimeter	Height	Pint
Centimeter	Dozen	Inch	Volume
Cubic	Feet	Kilometer	Yard

Money

R	P	E	T	K	C	B	E	D	E	S	A	D	X	R	N
D	L	W	W	G	O	U	A	B	I	L	L	I	C	E	M
R	B	E	B	D	U	S	R	G	N	M	E	D	I	M	R
K	S	D	A	Q	P	I	N	R	V	L	E	N	U	X	K
E	I	Y	N	B	O	N	O	D	E	P	O	S	I	T	E
O	T	R	K	E	N	E	S	M	S	N	O	E	E	R	C
M	L	A	E	C	A	S	H	A	T	T	C	G	Q	N	J
C	P	H	E	E	C	S	N	E	I	N	D	Y	A	F	I
I	C	C	A	F	F	O	R	D	A	U	O	O	A	N	X
N	V	T	H	V	I	N	E	L	B	B	L	A	E	T	B
T	I	S	G	E	N	R	A	S	E	M	L	T	S	S	F
Z	I	G	O	F	C	B	I	F	J	T	A	E	M	D	R
E	P	I	E	Y	O	K	H	U	G	N	R	N	Q	S	H
U	T	E	H	O	M	N	T	N	O	H	W	L	D	H	M
T	E	T	E	E	E	C	E	D	M	O	L	G	N	M	I
L	R	L	Z	X	C	I	T	N	T	G	E	E	G	D	Y

Afford	Business	Currency	Earn
Balance	Cash	Deposit	Fund
Bank	Check	Dime	Income
Bill	Coupon	Dollar	Invest
Budget	Credit	Donate	Loan

Moons

G	A	I	E	P	D	K	M	R	B	E	T	A	B	X	H
R	E	S	N	G	J	A	R	U	L	D	E	T	E	P	I
L	M	E	M	A	P	S	T	A	K	S	C	N	R	Y	O
I	U	C	N	L	U	T	L	H	R	J	R	M	G	A	N
S	E	E	C	A	N	T	U	L	G	H	E	M	E	M	E
S	A	A	D	T	S	A	O	U	A	I	S	T	L	A	R
F	E	R	M	E	V	A	N	N	C	N	S	B	M	L	L
K	P	C	B	A	L	D	G	A	O	A	I	E	I	T	I
U	A	H	S	F	G	N	V	W	R	E	D	B	R	H	T
W	X	E	M	D	J	L	O	D	D	I	A	H	S	E	Z
T	W	A	I	T	N	E	A	E	E	Z	E	I	E	A	I
E	R	P	F	A	K	K	F	R	L	Y	E	O	N	G	Q
Q	U	P	R	N	L	C	A	L	I	B	A	N	O	A	G
C	X	D	A	A	O	E	D	E	A	S	M	N	L	M	O
Z	Y	N	H	D	A	C	E	Y	E	R	S	I	G	C	M
H	A	L	I	M	E	D	E	I	M	O	S	A	S	A	O

Adrastea	Arche	Caliban	Galatea
Aitne	Autonoe	Cordelia	Halimede
Amalthea	Bebhionn	Cressida	Hydra
Ananke	Bergelmir	Cupid	Larissa
Aoede	Bestla	Deimos	Luna

```
O E D S T B S S S N E Y E G N P
S S A R T O R I U S Q O F O M O
I O T R H I S A B K J F R R L P
S I L I A C U S C P C N O T H L
T H S E D O U C R H R S N I Y I
D O M D U I L E O E I S T G O T
C S I S R S T S T R C A A G G E
A N C O N E U S A P O M L D L U
A I S R S T A T O F T P I I O S
T I Y S G M N P D N H L S G S G
R C A C E A E S E A Y A O A S E
I M H R L I J O O S R T I S U P
C R C P I M N C L A O Y B T S U
E I S X G R A C I L I S C R H T
P Q H O M O H Y O I D M T I S S
S E R D A R T O S S J A L C M T
```

Anconeus	Digastric	Masseter	Popliteus
Brachialis	Frontalis	Nasalis	Risorius
Cremaster	Gracilis	Omohyoid	Sartorius
Cricothyroid	Hyoglossus	Plantaris	Soleus
Dartos	Iliacus	Platysma	Triceps

Musical Instruments

S	C	Q	E	O	O	D	R	A	U	O	C	E	S	Q	O
D	R	W	S	R	N	C	M	I	V	T	T	T	S	C	T
M	Y	E	R	Y	O	E	R	T	S	I	G	T	X	N	E
E	O	V	D	I	S	G	E	P	W	C	O	L	I	G	V
J	N	P	V	S	A	E	R	G	I	E	K	L	L	I	E
C	M	B	B	E	N	A	E	A	U	A	O	E	A	T	H
I	F	E	C	R	H	T	U	B	A	I	N	Z	C	W	A
Q	G	L	G	E	E	R	O	S	V	O	T	O	C	M	P
I	R	L	U	P	L	L	E	N	B	S	D	A	O	O	K
F	L	E	M	T	O	L	Q	M	E	O	R	S	R	A	E
M	G	U	H	C	E	R	O	P	J	R	U	E	D	S	O
N	R	E	C	L	A	R	I	N	E	T	M	G	I	Q	I
T	A	I	U	M	T	P	A	E	E	I	S	T	O	E	F
C	P	K	E	R	G	B	L	C	I	F	A	I	N	K	A
J	U	M	H	A	R	M	O	N	I	C	A	W	N	P	J
K	E	Y	B	O	A	R	D	H	L	U	N	N	N	E	F

Accordion	Clarinet	Harp	Trumpet
Bagpipes	Drums	Keyboard	Tuba
Banjo	Flute	Piano	Ukulele
Bell	Guitar	Piccolo	Viola
Cello	Harmonica	Trombone	Violin

Mythical Creatures

E	R	T	T	E	N	D	B	U	N	Y	I	P	L	D	S
F	E	Y	A	D	R	A	G	O	N	S	N	E	J	D	M
D	A	C	W	L	X	A	C	A	L	A	D	R	I	U	S
A	I	A	S	E	G	A	A	L	R	N	M	R	C	E	G
N	X	C	E	A	N	X	S	B	E	A	B	A	T	E	F
T	F	T	A	N	U	M	A	R	H	Y	A	S	R	Y	W
M	E	S	O	M	E	C	G	K	H	S	A	Q	S	O	P
E	N	B	A	L	A	O	T	V	E	R	D	N	A	R	K
N	R	G	O	P	I	Z	Z	P	E	L	I	M	M	P	L
C	I	G	U	A	P	A	O	C	T	L	P	S	A	E	U
A	R	H	L	Z	K	L	Q	T	M	D	P	I	L	S	D
O	C	E	N	P	C	L	U	E	Z	U	O	C	E	F	D
S	K	N	E	Y	I	S	R	Z	Y	A	J	M	S	L	E
X	C	Q	C	S	O	G	E	F	A	I	O	D	W	L	W
W	H	Z	U	R	Z	S	W	A	S	F	G	T	G	O	B
O	C	N	R	S	Z	S	L	O	H	S	D	R	P	M	E

Aigamuxa	Caladrius	Cyclopes	Grendel
Amarok	Camazotz	Dragons	Hybrids
Antmen	Cerastes	Fenrir	Kelpie
Bonnacon	Chupacabra	Golems	Kludde
Bunyip	Ciguapa	Gremlins	Ogre

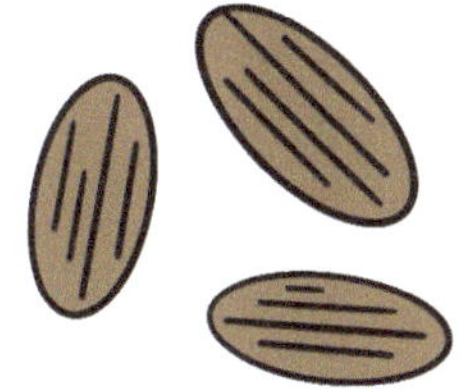

Nuts

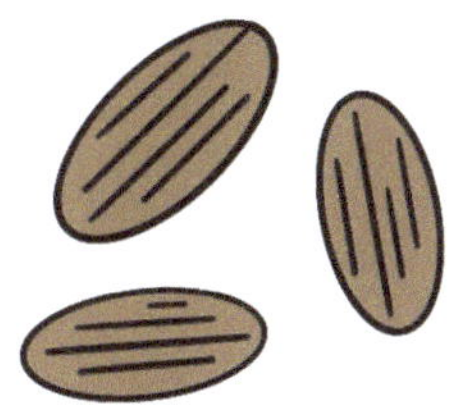

A	R	Q	S	Y	M	S	D	Y	O	R	X	D	G	G	R
R	H	D	A	H	B	X	G	N	W	P	E	S	B	T	O
E	G	N	V	L	R	B	R	A	Z	I	L	N	U	T	R
E	A	P	A	Q	M	X	O	Y	V	H	B	N	T	U	C
E	C	C	T	C	T	O	P	N	O	L	E	P	T	S	H
A	D	C	O	W	A	L	N	U	T	L	D	I	E	O	K
M	T	A	U	R	H	M	R	D	D	I	G	L	R	L	O
A	S	H	I	E	N	Z	Z	N	P	I	N	I	N	J	L
E	S	M	A	C	A	D	A	M	I	A	R	N	U	C	A
N	E	O	E	H	M	C	H	E	S	T	N	U	T	S	N
V	H	K	Y	S	H	E	A	R	T	N	U	T	R	H	U
P	I	N	E	N	U	T	S	H	A	Z	E	L	N	U	T
E	H	D	S	B	U	H	B	N	C	A	S	H	E	W	R
C	P	E	A	N	U	T	O	U	H	N	D	G	X	I	J
A	B	P	L	A	O	E	S	F	I	L	B	E	R	T	H
N	F	E	A	E	I	C	O	C	O	N	U	T	X	E	F

Acorn	Cashew	Filbert	Pilinut
Almond	Chestnuts	Kolanut	Pinenut
Brazilnut	Coconut	Macadamia	Pistachio
Butternut	Hazelnut	Peanut	Soynuts
Candlenut	Heartnut	Pecan	Walnut

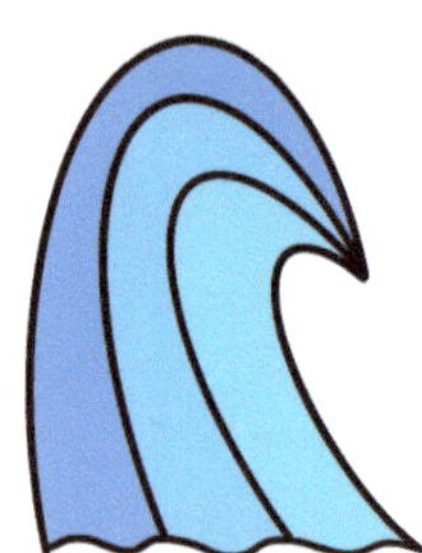

Ocean

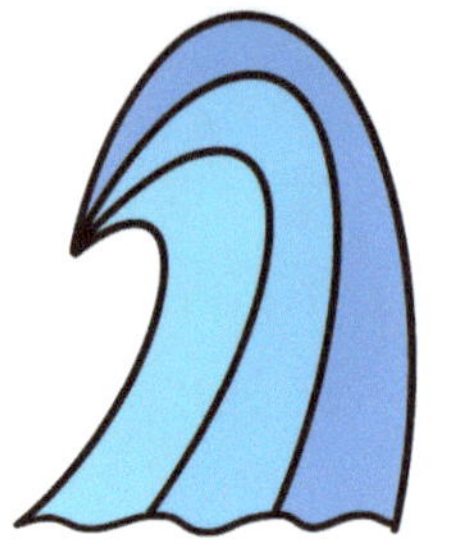

T	O	T	G	H	R	S	T	B	D	X	M	M	I	Y	P
O	A	D	B	N	U	S	S	E	L	A	O	T	I	M	R
O	T	T	E	R	E	T	U	R	C	H	I	N	R	I	E
A	B	A	L	O	N	E	N	X	E	C	R	F	V	N	S
R	S	A	O	E	R	D	A	F	N	A	B	I	Y	E	M
D	W	T	R	A	N	E	M	V	S	F	L	N	V	T	I
C	W	R	C	I	A	J	I	I	L	A	O	A	Y	S	R
W	U	D	A	G	E	K	N	Y	E	Y	W	S	E	Y	O
C	H	R	L	X	P	B	O	E	T	J	F	D	I	E	X
I	O	A	S	S	Q	A	O	Q	W	E	I	Z	N	H	T
T	S	Y	T	S	A	E	F	K	E	T	S	I	F	C	E
C	U	C	I	S	R	R	E	R	R	P	H	I	S	L	C
A	V	N	D	H	R	N	P	R	S	P	O	N	G	E	O
O	M	K	O	T	S	E	I	B	L	O	B	S	T	E	R
H	P	S	N	Y	R	A	R	O	J	A	S	E	A	L	A
A	U	A	R	A	U	K	D	E	V	U	E	N	C	P	L

Abalone	Dolphin	Otter	Tides
Algae	Fin	Ray	Tsunami
Blowfish	Fish	Reef	Urchin
Coral	Lobster	Seal	Walrus
Currents	Orca	Sponge	Waves

Peppers

A	O	T	A	A	T	K	U	T	G	S	N	E	B	T	S
H	N	J	S	W	E	S	S	Z	O	H	T	Y	R	V	A
E	H	A	F	P	F	Y	W	C	E	O	E	R	J	B	O
S	Q	L	H	O	O	H	E	A	N	T	E	D	P	E	G
E	Y	A	U	E	X	R	E	Y	E	C	G	S	I	J	F
I	P	E	I	F	I	B	T	E	W	O	I	C	E	U	N
T	S	D	N	O	F	M	B	N	M	D	A	H	N	N	L
E	Z	E	V	C	U	B	A	N	E	L	L	E	B	S	S
U	X	F	C	P	O	Q	N	E	X	H	G	R	F	H	A
A	G	A	H	U	N	G	A	R	I	A	N	R	R	A	T
T	H	E	I	Z	D	W	N	C	C	B	N	Y	E	D	B
S	V	P	P	O	B	L	A	N	O	A	X	S	S	R	D
H	G	P	O	J	A	L	A	P	E	N	O	B	N	R	P
E	N	T	T	H	A	I	P	I	M	E	N	T	O	R	R
B	E	L	L	F	Y	X	S	E	R	R	A	N	O	J	A
G	S	W	E	E	T	C	M	M	B	O	L	V	S	E	N

Anaheim	Chipotle	Hungarian	Serrano
Banana	Cubanelle	Jalapeno	Sport
Bell	Fresno	Newmexico	Sweet
Cayenne	Habanero	Pimento	Sweetbanana
Cherry	Hot	Poblano	Thai

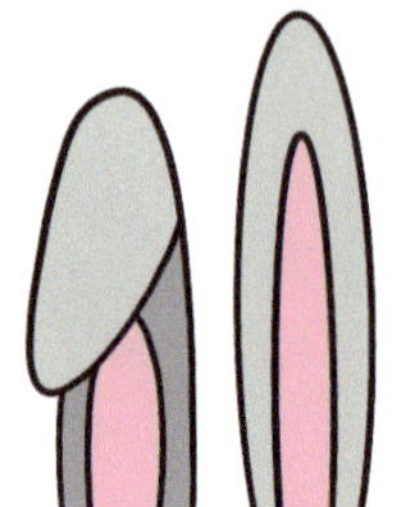

Pets

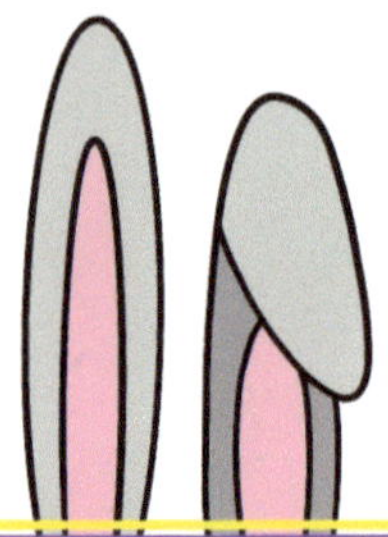

L	E	T	O	T	E	E	E	U	R	B	Y	P	Y	C	G
D	Z	Z	F	I	S	H	B	A	L	P	A	C	A	S	T
N	L	B	O	Q	P	D	D	U	P	I	R	H	N	E	G
P	N	A	E	G	H	H	I	U	N	G	N	I	E	E	M
S	V	Z	T	Q	E	A	P	I	E	N	O	C	O	U	C
U	S	W	T	O	R	T	O	I	S	E	I	K	E	S	R
B	E	T	A	F	I	S	H	A	M	S	T	E	R	O	E
B	E	A	R	D	E	D	D	R	A	G	O	N	S	B	F
E	K	L	A	E	P	K	O	N	O	O	S	S	F	A	G
C	H	I	N	C	H	I	L	L	A	O	A	E	E	J	I
C	Z	Z	T	C	A	T	S	S	M	Z	S	V	R	G	I
D	C	A	U	F	S	T	D	L	E	O	K	T	R	G	F
O	O	R	L	R	H	E	M	E	J	E	A	Y	E	E	L
G	W	D	A	I	O	N	P	A	X	M	X	K	T	R	N
B	S	S	G	H	O	E	T	T	P	H	Y	N	E	A	S
D	L	M	T	U	C	E	R	M	D	J	G	D	G	Y	S

Alpaca	Chickens	Ferret	Pig
Beardeddragon	Chinchilla	Goat	Puppy
Betafish	Cow	Hamster	Roosters
Bunnies	Dog	Kitten	Tarantula
Cats	Fish	Lizard	Tortoise

Pizza

S	A	C	E	I	A	R	Q	S	O	P	X	P	Z	X	L
D	T	A	I	T	S	S	I	T	O	T	P	F	J	I	O
S	S	B	V	O	N	J	G	V	S	J	J	L	S	N	C
R	N	S	G	R	I	M	C	H	S	H	H	A	E	I	A
A	D	E	J	F	B	D	M	A	B	G	B	V	N	E	L
E	I	H	E	R	A	X	O	G	L	U	O	O	M	A	N
Y	G	O	I	L	S	S	Z	U	R	O	R	R	X	E	N
O	E	E	S	P	U	H	Z	X	G	E	R	N	T	E	N
J	D	L	Q	D	T	E	A	T	P	H	A	I	T	Z	D
P	E	R	O	R	D	E	R	P	H	O	T	S	E	U	E
X	Z	O	C	A	D	D	E	S	S	E	U	O	Y	S	G
I	F	T	G	S	O	P	L	V	P	R	Q	U	E	L	F
S	S	N	I	G	E	O	L	P	C	A	S	E	N	I	S
R	E	M	T	I	F	S	A	U	C	E	H	T	N	C	I
F	E	C	G	A	R	N	O	Y	H	C	R	E	B	E	S
E	E	W	O	F	T	S	N	Q	M	G	K	R	J	S	D

Appetite	Cheese	Food	Order
Basil	Crust	Greasy	Oven
Boxed	Dough	Hot	Pepperoni
Burnt	Eat	Local	Sauce
Calories	Flavor	Mozzarella	Slice

Plants

G Z O E U N R F O M Q I E I F S
H L E I Q S R S U I S V F X S V
O R L T C T J I L E R Y E O S A
T R N G B E A N E E B A M B O O
J A S I Z M R S I P A L M F C I
N O R X I P E Y T H P F E E A S
A B Z H A H B G S M A A K R C E
M G B C E X S U C C U L E N T S
R M I I P R B G D D A F V E U H
E S F Z A Q E A G T E A E D S A
T A I I A J S E S R W W R F N M
J A R E H R I A A E F E G T Q R
X P P A P R O E I E V E R H O O
D U A G U V H L G O E D E N N C
A O X S I U A W L G I M E T Z K
R R T T R N O C S H N A N L K G

Alfalfa	Cactus	Leaf	Stem
Bamboo	Clover	Moss	Succulents
Bean	Evergreen	Palm	Tree
Bud	Fern	Shamrock	Vein
Bush	Ivy	Stalk	Weed

Post Office

C	D	O	F	E	I	O	P	S	M	Z	P	F	P	N	D
F	D	R	L	F	Q	O	R	R	J	A	O	F	F	F	D
B	A	P	H	A	T	I	I	S	O	K	R	O	E	X	R
N	P	E	P	H	N	F	O	Y	O	E	T	R	H	E	V
D	A	C	B	E	N	R	R	L	G	S	D	M	P	T	S
O	C	I	C	O	G	T	I	A	R	T	T	A	S	W	T
Y	K	L	C	P	X	E	T	M	E	X	P	R	E	S	S
A	N	E	E	P	R	S	Y	J	E	S	O	V	N	T	I
I	H	T	S	R	O	W	N	T	S	N	I	N	V	A	F
F	L	T	C	P	K	S	F	E	I	S	V	F	E	M	O
P	D	E	L	I	V	E	R	L	E	R	R	E	L	P	G
T	M	R	O	E	Y	D	T	H	L	A	J	C	O	D	E
F	O	P	E	M	D	T	D	H	E	T	E	R	P	V	J
I	L	T	M	A	G	A	Z	I	N	E	D	H	E	C	H
T	P	C	K	I	A	A	U	E	F	Y	V	M	I	P	N
E	E	S	G	L	A	S	A	Q	B	E	S	T	R	E	E

Address	Confirm	Form	Paper
Adhesive	Deliver	Letter	Postage
Box	Drop	Magazine	Priority
Clerk	Envelope	Mail	Rate
Code	Express	Pack	Stamp

Rainforest Animals

E	Z	E	B	E	R	X	W	D	J	T	I	K	G	N	L
N	B	Y	A	Q	Z	O	D	I	A	C	M	O	T	H	T
B	P	A	A	X	G	X	T	B	G	A	F	K	R	N	O
E	U	I	H	E	O	T	E	J	U	O	P	E	E	A	A
N	G	G	Z	N	R	R	O	R	A	N	G	U	T	A	N
E	S	U	H	O	I	I	L	W	R	I	R	H	I	A	A
C	L	A	U	P	L	C	A	E	T	A	A	R	C	S	C
E	N	N	M	S	L	C	B	L	M	R	T	U	P	A	O
T	F	A	M	Q	A	L	A	N	E	U	O	R	P	G	N
C	V	S	I	M	S	G	E	E	N	T	R	I	B	A	D
P	H	C	N	D	N	C	A	P	Y	B	A	R	A	S	A
S	E	E	G	E	L	E	C	T	R	I	C	E	E	L	W
O	A	E	B	I	V	D	R	N	D	A	S	Z	O	A	N
P	P	P	I	N	K	D	O	L	P	H	I	N	I	L	B
E	I	T	R	E	E	F	R	O	G	Y	A	P	O	K	A
E	T	I	D	K	N	B	Q	C	C	O	N	B	N	Z	T

Anaconda	Gorilla	Macaw	Treefrog
Bengaltiger	Hummingbird	Nutria	Vampirebat
Capybara	Iguana	Orangutan	Xenops
Dawnbat	Jaguar	Pinkdolphin	Yapok
Electriceel	Lemur	Toucan	Zodiacmoth

Reptiles

E	Y	L	F	U	V	O	P	Q	V	K	I	R	R	R	R
L	N	C	N	R	E	I	S	B	B	V	I	P	E	R	T
O	R	R	J	F	N	C	D	K	G	E	C	K	O	G	D
I	T	O	R	T	O	I	S	E	I	R	A	C	E	S	E
T	U	C	H	A	M	E	L	E	O	N	U	V	R	E	E
Z	A	O	B	O	A	M	X	T	S	A	K	A	K	A	K
R	T	D	R	O	Y	S	A	A	N	M	C	A	D	T	E
F	A	I	D	R	N	G	E	A	R	S	N	R	O	U	P
V	R	L	Z	C	I	S	U	F	S	S	A	J	G	R	Y
S	A	E	Z	L	P	G	L	E	E	Z	S	E	Z	T	T
I	R	F	L	Y	I	N	G	L	I	Z	A	R	D	L	H
E	M	A	M	B	A	M	T	L	F	W	U	S	T	E	O
V	Z	L	M	E	R	T	L	C	X	W	F	L	E	S	N
W	S	C	O	R	A	L	S	N	A	K	E	H	A	O	F
E	C	O	B	R	A	N	Z	T	I	S	Z	Z	I	N	T
R	B	K	I	W	V	J	C	F	T	D	E	A	N	E	T

Alligator	Crocodile	Python	Tortoise
Boa	Flyinglizard	Rattlesnake	Tuatara
Chameleon	Gecko	Seasnake	Venom
Cobra	Iguana	Seaturtle	Viper
Coralsnake	Mamba	Skink	Walllizard

Restaurant

D W P Z Y I F N K B I S J C D R
B C H U M O O G P B R N O O R T
I L E I E W L U T I P S D O T F
E N T C A F E Q A S E N Z K E P
P S O M L R B H N T Z T M C H O
O E A L S P C S P R G Y E A Z M
F E F I D C E E N O U M N S K L
N F S U N P I N W E C S U H O Z
W U P B D I N E T A E O H I A N
E U T E N S I L S R I N U E V A
E A W V H S H V S C E T E R R R
O R D E R J O T I H H E E C S S
G O U R M E T L C E R E F R S E
R T V A P P E T I Z E R F D S S
R R A G L D I D M L H E P O C W
E U Z E E K S N E K G I K S P P

Appetizer	Chair	Dine	Menu
Beverage	Chef	Entree	Order
Bistro	Cook	Gourmet	Tips
Cafe	Course	Kitchen	Utensils
Cashier	Delicious	Meal	Waiters

Roadways

O	G	D	S	G	E	K	V	O	E	P	N	E	H	L	M
M	H	R	B	E	D	I	R	T	R	O	A	D	C	E	R
T	M	O	T	O	R	W	A	Y	I	E	I	R	O	R	S
O	D	U	S	M	U	E	P	T	D	A	U	M	K	X	E
F	R	T	N	E	N	L	C	R	E	S	C	E	N	T	S
X	I	E	G	A	X	E	E	X	I	T	R	A	M	P	C
H	V	E	L	O	S	E	E	V	K	M	L	L	E	Y	M
O	E	X	P	R	E	S	S	W	A	Y	P	P	A	H	F
R	A	V	E	N	U	E	R	T	J	R	E	W	G	G	K
E	T	T	W	J	H	S	A	Y	R	Q	D	J	Y	E	E
I	N	T	E	R	C	H	A	N	G	E	T	M	T	Y	I
I	T	H	I	G	H	W	A	Y	E	O	E	G	C	F	R
C	I	R	C	L	E	A	P	P	E	N	I	T	S	T	U
E	E	X	A	E	G	T	S	W	R	F	F	H	F	G	O
E	C	B	R	I	D	G	E	S	N	Q	T	F	A	E	S
L	U	F	R	W	L	A	S	B	B	A	P	I	R	E	I

Avenue	Dirtroad	Highway	Park
Boulevard	Drive	Interchange	Route
Bridge	Exitramp	Intersection	Speedway
Circle	Expressway	Lane	Street
Crescent	Freeway	Motorway	Trail

Rooms

S I I B I K H L S R L I M I A F
S O B C H S E A B S S Z N O R I
A E N N J G M W B O A A I I H E
T M O F N B C Q W R S G Q L I H
T S T U D I O E E F N D I S E M
I Q O F F I C E L G C E V N S C
C L T I I L Z C S L G N O V E E
R D I M H O K L D O Y V R N H I
C D S B O F F K E B M N E U E P
H U H A R T H E F B U H I R N F
A N R L P A N T R Y C A E S E I
M G N L A A R O A T A L E E N S
B E D R O O M Y I R B L G R I G
E O Q O O N P K Y C I G T Y N P
R N T O E I S T L E N X C E E K
D O R M I T O R Y A F E S F D A

Attic	Chamber	Hall	Lounge
Ballroom	Den	Kitchen	Nursery
Bedroom	Dormitory	Library	Office
Cabin	Dungeon	Lobby	Pantry
Cell	Gym	Loft	Studio

Sad

L	I	E	Z	A	M	O	U	R	N	F	U	L	D	D	E
O	R	G	C	B	T	O	S	F	S	N	F	E	E	S	S
S	T	G	L	O	O	M	Y	P	E	V	L	F	H	S	V
T	M	J	Q	M	I	S	E	R	A	B	L	E	E	T	N
A	N	G	U	I	S	H	E	D	A	R	K	N	E	S	S
B	T	T	L	N	S	R	S	C	I	A	D	G	H	O	N
D	T	E	M	A	R	E	I	S	N	A	L	L	S	R	A
L	N	K	T	B	E	P	A	D	S	D	O	U	I	R	L
G	N	N	R	L	S	A	S	I	E	F	N	M	E	O	A
T	R	O	R	E	I	L	S	S	T	N	E	N	B	W	C
F	C	I	D	E	T	E	S	T	A	B	L	E	H	S	F
E	C	O	E	T	Q	E	S	U	G	M	Y	S	V	I	S
E	H	T	X	F	R	P	G	R	O	A	Y	S	G	L	E
R	L	E	C	P	O	E	F	B	N	D	N	A	R	E	F
T	E	X	E	G	R	A	V	E	Y	A	R	D	P	U	L
E	U	D	N	S	A	E	G	D	V	K	U	J	Q	D	B

Abominable	Despicable	Graveyard	Mad
Agony	Detestable	Grief	Miserable
Anguish	Disturbed	Lies	Mournful
Darkness	Gloomy	Lonely	Sadness
Depressed	Glumness	Lost	Sorrows

Salon

F	T	O	F	O	C	D	R	R	A	Y	A	I	E	M	V
F	N	L	P	L	L	R	E	B	R	U	S	H	B	A	R
P	H	S	D	T	A	P	P	O	I	N	T	M	E	N	T
T	V	T	E	R	M	T	S	C	O	M	B	F	A	I	R
K	D	Y	O	A	Y	S	I	O	T	R	A	A	U	C	I
W	A	L	P	E	E	E	A	R	C	R	Q	Q	T	U	M
I	O	E	B	C	G	P	R	T	O	U	H	A	I	R	F
C	M	N	C	R	S	O	E	R	E	N	O	T	F	E	R
A	R	A	L	R	A	L	R	R	V	H	D	S	U	O	S
R	N	I	E	T	F	I	X	F	M	I	J	R	L	L	B
E	C	L	E	D	M	S	D	I	F	Q	E	S	M	A	A
T	L	S	T	S	T	H	G	K	S	P	E	B	T	S	E
T	V	M	S	G	G	C	V	P	E	L	E	R	W	I	E
Q	L	P	X	H	E	M	N	S	E	B	A	Q	V	P	S
E	B	C	T	R	O	L	R	L	S	O	E	U	R	F	O
Z	F	D	P	A	E	T	S	J	U	E	H	A	G	D	I

Accessory	Care	Hair	Perm
Appointment	Color	Manicure	Polish
Beautiful	Comb	Mirror	Spa
Braid	Dryer	Nails	Style
Brush	Flatiron	Pamper	Trim

Science

F	B	E	A	K	E	R	Y	A	L	Z	O	S	E	Z	G
H	I	T	V	O	L	U	M	E	A	N	S	S	M	I	E
T	A	D	X	E	E	L	S	E	B	T	S	O	S	K	N
D	A	A	E	E	M	G	K	E	L	I	G	B	J	S	S
Z	A	T	O	M	E	I	H	A	S	L	E	S	R	Z	T
E	D	S	H	Q	N	W	C	L	A	F	N	E	Y	O	T
V	X	I	P	E	T	I	W	R	R	O	E	R	M	O	E
S	C	R	H	R	M	I	E	U	O	S	T	V	T	L	L
O	F	S	P	E	L	N	M	O	P	S	I	E	I	O	E
C	S	G	H	P	I	Z	O	I	I	I	C	E	I	G	S
Y	E	C	Y	M	D	G	L	M	X	L	S	O	X	Y	C
B	E	H	S	S	C	I	E	N	T	I	S	T	P	L	O
A	S	S	I	T	A	H	C	F	A	C	E	F	G	E	P
F	N	D	C	P	C	E	U	I	Y	O	H	G	N	E	E
M	W	R	S	B	I	O	L	O	G	Y	O	C	A	M	D
O	N	S	H	R	E	S	E	A	R	C	H	T	F	S	Y

Atom	Data	Microscope	Research
Beaker	Element	Mineral	Scientist
Biology	Fossil	Molecule	Telescope
Chemical	Genetics	Observe	Volume
Chemistry	Lab	Physics	Zoology

School

A	I	I	P	N	I	C	R	A	E	Y	Z	I	H	K	E
X	N	H	N	G	B	G	X	C	R	L	K	F	S	L	E
C	X	P	A	Z	O	L	E	O	G	C	Y	O	S	S	V
M	Z	E	N	S	O	A	T	M	A	R	J	L	E	H	H
E	Y	N	S	I	K	S	N	P	S	T	U	D	E	N	T
R	E	A	O	E	I	O	K	U	S	N	A	E	S	D	U
R	L	C	N	H	S	C	A	T	I	R	R	R	P	E	D
C	E	H	A	S	A	W	E	E	G	E	E	G	O	T	T
V	S	A	E	B	W	K	M	R	N	T	N	W	F	N	A
D	E	L	B	N	E	E	E	S	E	I	A	N	E	I	S
U	E	K	C	W	D	D	R	P	D	O	I	G	M	S	W
S	B	S	Y	P	N	E	K	A	S	O	L	T	N	R	E
K	M	Y	K	I	S	R	E	P	E	C	C	P	F	Y	G
X	E	A	B	A	E	R	F	E	E	A	O	E	J	P	E
L	E	A	R	N	L	N	K	R	F	N	L	B	G	V	C
E	G	E	F	T	N	A	V	H	E	K	G	T	E	N	F

Answer	Chalk	Folder	Paper
Assigned	Class	Grades	Pen
Backpack	Computer	History	Reading
Binder	Desk	Learn	Smart
Book	Eraser	Lesson	Student

Sea Animals

N	S	G	C	D	O	L	P	H	I	N	E	R	C	G	E
E	A	K	S	A	A	K	F	L	O	U	N	D	E	R	P
I	E	L	R	H	S	A	D	D	U	B	N	T	D	I	E
H	T	U	W	I	C	L	O	W	N	F	I	S	H	R	Z
E	W	R	J	E	L	L	Y	F	I	S	H	Z	A	U	O
O	A	N	C	S	A	L	J	A	C	N	Z	U	D	K	R
N	L	A	S	G	J	I	A	B	O	M	I	E	D	A	I
J	R	H	E	R	H	O	N	A	R	Q	U	R	O	N	O
E	U	M	C	O	R	N	G	R	N	U	H	R	C	D	K
P	S	C	P	U	F	F	E	R	F	I	S	H	K	J	O
E	E	L	I	P	E	I	L	A	I	L	V	N	S	I	N
M	I	E	F	E	P	S	F	C	S	L	R	A	S	R	R
M	O	Q	T	R	M	H	I	U	H	F	Z	R	F	D	T
E	O	C	T	O	P	U	S	D	S	I	R	P	E	P	F
S	T	A	R	F	I	S	H	A	E	S	E	C	I	E	H
O	D	A	D	T	T	S	M	E	H	H	K	F	T	L	C

Angelfish	Flounder	Krill	Pufferfish
Barracuda	Grouper	Lionfish	Quillfish
Clownfish	Haddock	Megalodon	Starfish
Dolphin	Irukandji	Narwhal	Unicornfish
Eel	Jellyfish	Octopus	Walrus

Sewing

N	S	U	M	S	B	G	U	D	I	S	M	W	F	R	E
A	K	E	U	C	U	T	L	B	O	W	B	P	A	H	F
E	A	D	I	Z	T	R	Z	E	B	S	V	K	B	F	R
N	C	V	S	L	T	E	O	M	I	G	L	N	R	C	C
O	E	G	Y	N	O	C	W	B	L	P	H	I	I	T	Y
I	R	M	L	F	N	G	R	R	O	C	A	T	C	I	Y
G	K	E	C	I	A	Z	N	O	T	G	S	L	M	O	H
Q	T	S	L	F	E	S	H	I	C	A	I	A	N	E	R
N	S	B	O	C	G	H	T	D	L	H	E	C	E	N	H
H	E	M	T	S	H	S	I	E	E	S	E	E	E	N	N
A	E	R	H	B	K	Y	E	R	N	S	I	T	E	O	A
P	E	M	R	C	S	N	C	I	E	E	I	R	D	E	I
E	E	F	A	S	H	I	O	N	E	I	R	G	Z	C	D
F	S	B	O	B	B	I	N	T	D	G	A	R	N	E	E
R	J	E	I	G	R	A	K	H	L	D	J	L	B	U	Z
E	E	O	H	E	T	F	S	Q	E	E	E	S	S	E	P

Backstitch	Crochet	Fabric	Inseam
Bobbin	Cut	Fashion	Knit
Bow	Design	Fastener	Knot
Button	Elastic	Hem	Lace
Cloth	Embroider	Hoop	Needle

Shapes

B	M	T	T	F	E	H	E	L	J	W	N	Z	P	S	T
I	H	A	B	I	Y	S	E	A	F	O	E	C	F	R	Y
W	J	F	K	O	P	L	T	A	G	A	R	O	Z	X	N
A	F	E	P	I	C	C	A	A	R	C	C	S	L	E	E
C	L	P	L	R	T	H	X	C	R	T	O	N	N	Z	R
C	Y	L	I	N	D	E	R	V	J	T	N	C	D	S	E
R	E	C	M	Q	H	P	Y	D	G	O	E	I	I	T	A
E	G	P	K	L	U	T	Y	N	G	E	U	R	R	Q	O
S	Q	U	A	R	E	A	O	A	E	D	E	H	Y	A	O
C	O	V	S	Q	R	G	N	C	P	O	L	P	E	Z	E
E	O	D	P	Y	A	O	C	F	T	T	L	B	P	X	W
N	Q	Y	H	C	N	N	J	C	K	A	G	K	R	I	N
T	G	E	E	U	N	E	A	D	S	F	G	Y	L	N	D
C	D	D	R	B	M	T	I	Y	K	Q	X	O	I	H	G
J	N	E	E	E	S	M	L	N	F	E	K	E	N	F	I
B	V	N	T	R	Z	R	O	S	S	N	N	R	E	V	A

Arc	Cylinder	Heptagon	Octagon
Circle	Decagon	Hexagon	Oval
Cone	Dot	Kite	Sphere
Crescent	Ellipse	Line	Square
Cube	Heart	Nonagon	Star

Shoes

R	I	G	H	H	N	P	H	R	E	S	E	H	Q	O	E
J	I	H	R	N	S	I	J	B	O	W	L	I	N	G	C
N	N	E	F	D	E	H	H	I	K	I	N	G	Z	O	Y
W	X	W	F	E	Q	S	Y	A	P	F	A	H	T	R	C
S	J	L	I	M	E	N	L	F	U	P	M	H	L	I	L
E	Z	E	H	E	L	R	M	I	M	Q	L	E	T	V	I
I	E	V	F	R	V	M	S	C	P	K	T	E	O	J	N
A	C	L	N	U	S	K	A	E	S	P	L	L	N	F	G
W	T	I	L	E	P	S	N	S	D	H	E	S	P	L	S
J	E	T	A	Z	T	L	D	K	T	I	C	R	X	I	E
K	V	T	S	A	T	I	A	A	Y	G	O	G	S	P	Q
N	N	C	E	F	P	D	L	T	H	H	C	S	O	F	E
N	M	L	U	B	E	E	S	E	F	T	T	A	Y	L	F
M	C	O	I	E	S	S	S	S	N	O	M	M	K	O	F
Z	H	G	M	N	A	X	O	P	O	P	R	N	E	P	S
V	S	S	F	G	F	V	P	B	S	A	A	M	H	S	D

Ankle	Cleats	Highheels	Pumps
Army	Clogs	Hightop	Sandals
Athletic	Cycling	Hiking	Skates
Boots	Flipflops	Iceskates	Slides
Bowling	Golf	Platform	Slippers

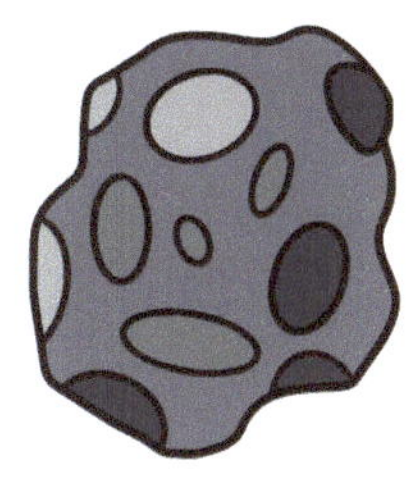

Space

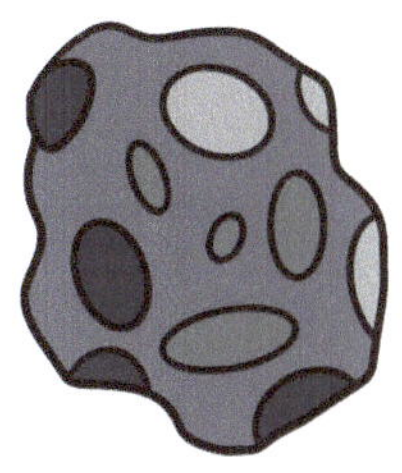

R	S	S	C	Q	I	N	N	S	L	C	S	A	H	S	H
I	M	H	N	E	B	U	L	A	R	O	E	I	G	T	O
T	T	E	G	A	L	A	X	Y	T	F	Q	T	A	G	T
H	Y	D	N	M	A	C	E	C	L	I	P	S	E	O	A
A	E	E	V	C	C	O	S	M	O	L	O	G	Y	I	S
L	A	O	Y	S	K	M	K	A	E	Z	L	C	M	G	T
I	S	C	I	G	H	A	W	A	Z	R	E	E	G	U	E
N	T	A	Q	T	O	L	I	G	H	T	Y	E	A	R	R
M	R	I	N	P	L	A	N	E	T	M	T	N	O	V	O
C	O	N	S	T	E	L	L	A	T	I	O	N	I	X	I
U	N	I	V	E	R	S	E	S	R	R	O	O	D	W	D
L	O	E	M	A	P	H	I	O	T	N	T	S	O	T	H
S	M	R	T	T	E	L	E	S	C	O	P	E	T	W	R
L	Y	S	L	C	N	T	A	A	P	E	V	Z	I	S	N
C	O	M	E	T	E	O	R	O	I	D	S	D	T	D	E
F	H	F	E	M	R	Z	P	S	U	N	S	P	O	T	N

Asteroid	Coma	Lightyear	Planet
Astronaut	Comet	Meteor	Star
Astronomy	Cosmology	Meteorite	Sunspot
Blackhole	Eclipse	Meteoroid	Telescope
Constellation	Galaxy	Nebula	Universe

Sports

C O U V O L L E Y B A L L H L L
E A P L E C J A T T G A U L N N
S A A R C H E R Y E V C A C O K
P D G A R F O H I A N B T M M J
C D F B O X I N G Y E N A H M N
P I F I W U W R E S T L I N G G
S V E M I I X K A T G C A S N V
C I N U N M C B D N B I F I T O
C N C C G O F O O T B A L L H N
Y G I Y H O A T I E T I L J R I
C A N O E I N G J G A A F L V D
L D G F M I I G U S A E Z P I Y
I T L D M S I R D E I T T E E O
N O L D I S K V O O R R L F N R
G B A S K E T B A L L F G N P V
R B S W E I G H T L I F T I N G

Archery	Canoeing	Golf	Sailing
Badminton	Cycling	Hockey	Tennis
Baseball	Diving	Judo	Volleyball
Basketball	Fencing	Netball	Weightlifting
Boxing	Football	Rowing	Wrestling

Spring

W	Y	N	E	E	D	O	V	L	G	E	V	W	J	Y	B
H	Q	L	T	N	M	R	E	T	M	D	R	H	L	T	N
R	G	M	E	R	F	N	R	F	Y	A	V	F	U	S	L
O	N	B	O	B	C	F	L	O	W	E	R	S	K	C	N
E	O	W	L	F	L	V	T	N	T	E	A	C	M	T	E
S	B	A	F	O	E	O	D	S	T	R	I	U	H	H	S
S	G	R	E	I	O	U	S	T	P	H	N	N	S	W	P
V	R	M	E	G	B	M	U	S	C	R	B	V	S	I	P
S	A	O	S	E	H	B	N	T	O	C	O	B	L	N	X
P	S	P	E	F	Z	R	S	W	E	M	W	U	V	D	S
C	S	M	R	H	S	E	H	S	M	S	T	N	T	Y	L
E	L	J	H	I	N	L	I	S	N	L	C	N	G	G	P
S	E	A	R	G	L	L	N	N	E	A	S	Y	Y	E	D
B	Q	L	A	M	B	A	E	V	A	I	A	E	A	O	V
D	I	X	U	A	T	M	I	B	E	G	S	R	S	Q	B
N	E	N	E	L	R	R	O	Q	K	E	I	A	N	O	V

April	Butterfly	March	Tulip
Bloom	Chick	Nest	Umbrella
Blossom	Flowers	Rainbow	Warm
Breeze	Grass	Sprout	Windy
Bunny	Lamb	Sunshine	Worm

Stars

S	C	E	L	E	D	C	A	P	E	L	L	A	A	V	C
R	M	L	R	L	M	S	C	H	A	D	A	R	W	P	H
X	X	D	E	N	E	B	H	S	K	P	G	C	W	U	E
T	V	G	M	R	A	S	E	B	I	E	B	T	K	A	D
T	I	K	A	G	S	P	R	E	N	R	U	U	B	I	E
R	R	T	O	S	O	R	N	T	F	A	I	R	E	P	T
C	N	C	S	P	I	C	A	E	H	R	S	U	T	N	C
A	S	W	R	P	H	O	R	L	E	E	U	S	S	U	R
E	A	L	G	O	L	P	A	G	R	P	N	B	Q	F	L
R	C	O	M	G	P	M	B	E	G	S	A	E	I	R	S
P	E	A	D	E	O	I	S	U	C	L	F	O	R	W	N
L	E	D	I	F	L	M	A	S	L	H	E	B	C	Z	I
S	D	R	I	I	L	O	V	E	G	A	S	E	I	O	D
O	I	D	O	Y	U	S	P	R	O	C	Y	O	N	R	I
Q	H	E	A	S	X	A	L	T	A	I	R	E	F	N	E
T	I	G	R	R	C	A	N	O	P	U	S	D	E	D	A

Achernar	Betelgeuse	Fomalhaut	Rigel
Algol	Canopus	Hadar	Sirius
Altair	Capellaa	Mimosa	Spica
Antares	Capellab	Pollux	Sun
Arcturus	Deneb	Procyon	Vega

Stone Age

R	H	G	M	I	S	F	Q	T	O	S	C	Q	B	R	Q
G	K	C	N	U	J	T	H	G	I	O	I	R	O	N	E
A	Y	I	H	T	S	O	O	S	N	Q	D	N	N	X	H
M	J	H	A	N	C	I	E	N	T	D	F	A	E	D	U
F	I	S	H	I	N	G	C	R	E	S	S	S	A	I	A
R	V	I	S	T	A	T	U	E	S	F	O	E	C	D	D
G	O	P	G	L	A	C	I	E	R	S	R	P	X	I	X
R	N	A	L	E	R	A	A	B	I	H	S	G	Y	R	B
S	F	I	R	E	T	E	G	K	T	L	U	S	X	N	S
H	V	N	T	X	I	O	S	A	O	N	A	M	H	L	N
A	O	T	P	I	F	G	O	O	P	S	U	T	A	R	S
C	A	V	E	M	A	N	T	S	U	S	R	R	M	N	T
I	T	R	M	R	C	J	S	N	R	R	U	E	M	E	S
I	N	P	O	T	T	E	R	Y	Q	M	C	L	E	M	H
P	R	E	H	I	S	T	O	R	I	C	E	E	R	A	A
W	I	S	R	U	W	X	R	Y	S	E	D	R	S	N	E

Ancient	Fishing	Music	Statues
Artifacts	Glaciers	Paint	Stone
Bone	Hammers	Pottery	Thread
Caveman	Humans	Prehistoric	Tools
Fire	Murals	Resources	Villages

Summer

C	K	E	N	V	E	T	N	E	P	Q	D	F	R	N	N
C	A	R	E	E	R	M	E	H	Z	I	O	F	Z	O	X
Y	K	H	B	R	Z	D	I	D	K	R	C	R	O	O	I
J	O	Y	R	E	R	L	A	K	Y	G	P	R	C	S	B
O	N	I	I	A	N	P	N	A	F	E	R	I	E	X	E
E	Y	G	N	R	H	M	P	A	R	K	N	A	A	Q	A
T	E	S	L	N	D	T	J	O	U	C	A	L	N	M	C
R	L	Z	F	S	M	X	T	E	I	D	E	Z	R	R	H
Y	S	I	E	O	F	V	E	P	T	R	E	E	F	R	F
E	M	Z	E	A	A	A	E	O	O	D	E	R	Y	S	A
F	M	N	T	F	N	P	H	P	I	B	D	S	E	A	U
Z	R	G	A	C	A	M	P	S	S	A	I	L	I	N	G
I	M	Z	F	T	E	N	T	I	G	A	V	S	Q	D	U
G	S	C	A	M	T	U	R	C	D	W	I	Z	W	T	S
U	C	E	E	O	O	F	G	L	P	D	N	P	E	I	T
A	H	N	B	E	R	R	I	E	S	E	G	E	W	N	I

August	Diving	Hot	Popsicle
Beach	Fan	Ocean	Relax
Berries	Fruit	Outside	Sailing
Camp	Frisbee	Park	Sea
Daisy	Heat	Picnic	Sand

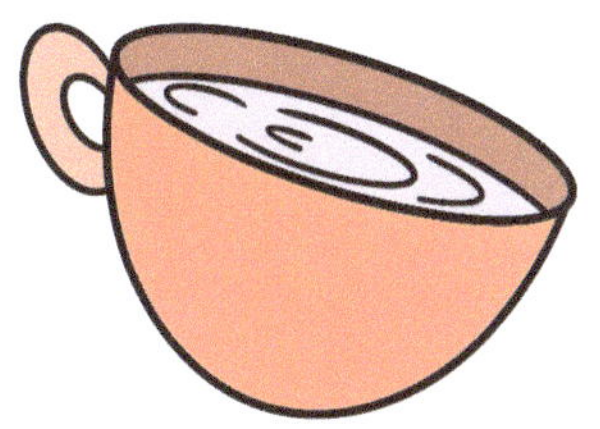

Tea

V	E	S	C	H	F	I	R	O	E	E	E	Q	F	Q	O
N	D	J	S	S	Z	R	S	E	N	I	E	E	C	O	O
O	T	A	C	O	G	E	C	H	T	I	N	E	U	P	G
U	N	E	J	R	S	R	E	O	E	I	C	R	P	N	P
C	E	W	V	P	Q	A	C	A	M	R	O	H	O	H	Y
F	S	P	X	O	I	I	T	S	N	F	B	L	A	C	K
D	M	E	F	M	R	D	A	I	L	Y	O	A	D	I	H
T	G	R	L	P	N	J	R	R	R	O	I	R	L	O	M
T	L	E	A	F	H	R	O	M	M	I	L	C	T	Y	F
I	A	U	V	N	Z	A	M	G	R	E	E	N	J	O	Y
W	P	N	O	O	C	P	A	S	E	W	D	I	K	I	L
U	P	E	R	I	I	I	D	W	L	T	N	A	U	A	M
Z	E	S	E	V	B	R	E	W	A	N	S	S	S	N	B
M	E	P	T	G	B	L	E	N	D	G	S	Y	T	S	R
A	I	O	A	D	T	D	K	E	T	T	L	E	E	P	L
F	E	B	A	H	Q	E	D	N	D	O	I	I	N	G	G

Ancient	Blend	Cup	Herbal
Apricot	Boiled	Daily	Jasmine
Aroma	Brew	Enjoy	Kettle
Bag	Chai	Flavor	Leaf
Black	Comfort	Green	Oolong

Time

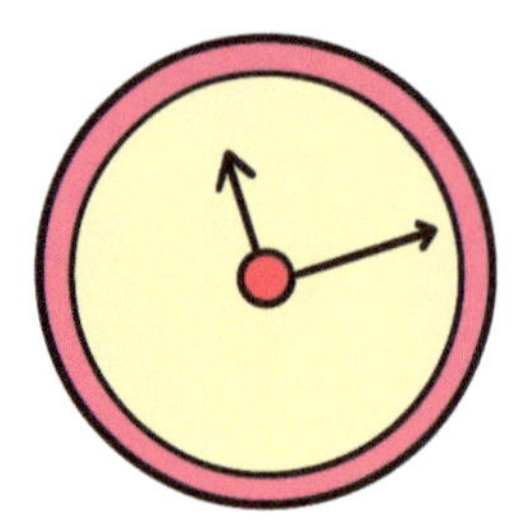

O	Q	N	H	H	Y	A	K	P	Y	L	V	O	K	X	G
C	S	T	I	P	C	C	L	T	E	P	O	O	L	I	Y
R	T	K	A	M	O	N	T	H	R	N	F	P	G	R	S
R	A	Z	I	L	E	E	O	A	Q	C	F	X	U	J	A
F	E	G	C	B	A	M	R	O	T	A	A	T	X	V	E
P	E	I	I	T	H	R	I	B	N	L	N	L	T	N	R
R	Q	S	O	E	N	Z	M	M	L	E	G	Y	E	G	L
E	E	T	Y	I	E	S	S	L	C	N	A	M	N	D	A
H	I	T	E	F	Z	G	E	M	I	D	N	I	G	H	T
V	S	A	M	H	A	B	O	N	W	A	N	N	P	O	E
S	E	X	C	T	F	E	E	O	R	R	N	U	V	U	O
J	O	S	E	F	T	V	J	F	O	E	S	T	S	R	H
T	D	M	O	A	E	V	I	M	O	I	G	E	M	I	E
L	D	K	I	A	R	F	U	T	U	R	E	A	R	L	Y
H	J	Z	O	C	D	V	W	G	F	N	E	Y	N	S	M
Q	P	N	D	Z	C	G	E	J	O	N	S	C	F	T	E

After	Calendar	Evening	Minute
Alarm	Century	Future	Month
Am	Clock	Hour	Morning
Before	Day	Late	Night
Bell	Early	Midnight	Noon

Tools

T	S	C	Y	T	T	I	C	U	T	T	E	R	S	E	F
S	A	X	E	X	F	C	H	A	M	M	E	R	C	G	T
E	C	B	R	W	I	R	A	L	N	N	O	I	R	L	T
D	I	U	O	G	N	O	N	D	E	G	A	R	E	U	R
Z	Q	L	P	L	P	W	D	T	T	P	Y	I	W	E	I
G	P	I	E	M	T	B	S	Z	O	C	E	S	L	W	G
G	A	T	A	T	D	A	A	E	E	P	E	U	A	S	U
I	S	L	S	O	F	R	W	F	R	T	R	B	D	L	S
S	C	E	G	D	L	T	I	E	V	T	S	K	D	R	V
S	X	V	X	P	I	N	C	L	E	R	F	I	E	N	A
E	I	E	E	G	K	G	I	T	L	H	E	I	R	L	L
A	P	R	S	Y	S	A	M	D	R	I	L	M	S	U	T
S	J	M	M	A	H	P	N	E	F	P	I	J	B	P	F
N	W	F	Q	R	I	E	T	G	R	P	S	S	R	I	E
R	S	X	I	J	C	B	S	I	E	H	I	Q	F	E	G
D	P	F	L	D	M	O	E	S	F	S	X	G	M	M	N

Axe	Drill	Knife	Pliers
Bolt	Fastener	Ladder	Plow
Clamp	Glue	Lever	Rope
Crowbar	Hammer	Nails	Ruler
Cutters	Handsaw	Pin	Screw

Toys

R	O	O	T	A	R	T	S	T	Z	N	Y	J	E	A	W
S	Y	S	S	O	E	P	H	Y	T	H	S	I	A	R	T
S	I	G	A	E	D	C	T	S	E	F	E	T	I	N	L
R	E	Z	G	J	E	D	K	D	S	W	I	K	S	Q	A
X	Z	C	T	Z	M	C	O	W	B	S	R	I	E	S	O
T	C	W	O	C	U	O	U	L	E	O	S	T	T	U	T
P	S	S	T	R	A	I	N	M	L	E	S	E	O	S	A
F	C	Q	T	S	R	C	A	R	L	S	N	S	E	O	B
R	L	V	Y	O	N	G	R	B	S	G	G	N	F	B	R
O	A	N	I	P	U	B	B	N	A	S	A	P	S	F	P
C	Y	A	W	X	U	U	O	M	E	L	B	E	O	Y	M
O	A	N	I	C	B	P	S	A	P	T	L	E	E	O	Z
P	D	R	J	I	U	L	P	R	T	B	O	O	K	S	T
A	O	I	S	O	L	D	I	E	R	S	C	M	O	E	K
Q	T	I	S	A	T	A	S	A	T	E	K	W	D	N	V
T	C	W	B	D	R	U	M	S	A	S	S	B	I	S	S

Airplanes	Boats	Dolls	Marbles
Balloons	Books	Drums	Puppets
Balls	Bubbles	Games	Soldiers
Bells	Cars	Kites	Train
Blocks	Clay	Magnets	Trucks

Transranportations

Q	B	B	H	V	C	E	K	U	D	T	M	J	T	K	J
N	M	O	N	R	S	S	S	T	A	I	C	E	K	V	A
R	E	A	D	H	A	N	M	O	P	N	T	T	B	H	A
E	M	T	N	P	E	B	B	F	D	U	L	P	R	E	D
X	X	C	B	X	Y	W	T	D	H	A	I	A	R	K	Z
T	Y	J	E	P	O	O	E	C	H	B	A	C	K	G	N
V	H	A	I	R	P	L	A	N	E	S	M	K	C	S	N
R	H	O	T	A	I	R	B	A	L	L	O	O	N	P	Z
L	M	I	S	I	A	J	R	I	I	C	T	S	C	I	G
W	Z	W	N	P	E	X	E	C	C	O	O	W	P	L	M
Q	S	G	E	O	G	G	L	E	O	Y	R	R	C	N	S
F	C	A	N	A	L	H	W	L	P	K	C	C	A	R	G
X	A	A	D	E	I	V	R	U	T	A	Y	L	M	F	E
E	C	S	T	A	D	O	N	K	E	Y	C	E	E	G	T
E	U	M	G	B	E	D	W	E	R	A	L	X	L	F	R
B	R	V	H	O	R	S	E	D	D	K	E	Z	I	Z	A

Airplanes	Canal	Helicopter	Kayak
Bicycle	Canoe	Hotairballoon	Motorcycle
Boat	Car	Horse	Parachute
Bus	Donkey	Jeep	Raft
Camel	Glider	Jetpack	Rowboat

Trees

```
B R E D P I N E Q Q O X T R R N
A C N C Y H U A P O B P I I S B
L A O H A S T I E S T F F E E U
S U R U L A P D T S N R N P R L
A E T K L T I X I R E I I I P L
M R H L A T N N E S P E F N A P
T W E O L N E T A L N R L B C I
A H R F T A S R I I E E O L I N
M I N L Y A F A P T N M R A F E
A T P E E T T N S I E N I N I O
R E I L G X A I P P N G D C C L
A F N N O B L H E T I E A M Y R
C I E F U B S D O E Z N Y D E T
K R M C G R A N D F I R E E W K
X O G I A N T F I R G E W H W X
T U N M A R D T R W K C R N L U
```

Arkansaspine	Cubanpine	Giantfir	Pacificyew
Balsam	Easternfir	Grandfir	Pinblanc
Blisterfir	Floridayew	Marshpine	Redpine
Bullpine	Foxtailpine	Northernpine	Tamarack
Coulterpine	Fraserfir	Nutpine	Whitefir

Unicorns

```
O J M C A E C O L O R S E M U O
T U Y O R Y C R G N A R P W Z N
O E R Z G E H M A G I C E J G C
H Q X R G T A I Q P N G D W H D
E I X S Y O P T S L B F H P F C
Y H N M Z N P N I O O R F F C S
F F O N W H I T E V W H A H N F
L O P R I E N C F E I E I O Y B
C E R H N X E E P A D T R S S G
I D D E G Q S R E N N E Y T E I
R E A W S E S Y O X T T T N L P
H P W O V T O M L T T D A L N X
G E H O D J A O U M R M L S R T
O S O D E I P L J H O J E U Y E
R H E S D O F N A U I A H W H F
C R A M W M I D D O I X R K S P
```

Colors	Flutter	Inspire	Myth
Creativity	Forest	Joy	Rainbow
Diamond	Happiness	Love	White
Fairytale	Hooves	Magic	Wings
Fantasy	Horn	Mane	Woods

Vacation

S O I O W D G M F R Z A Y F I E
O D D R I V E R A V I Y U F J J
E I E E Y D G W I X L K L T R T
N E E P I E Z N R F D C N N N O
N J V U A Z I J P O M A X P C A
T N G Y I R T O O R V M D G N G
A C T P I C T U R E S E A E R X
T C F O M L E R T I K R G P B N
A J G S R C T N R G C A B X H O
K U A T H U E E I N G E A H S L
M A A C J R X Y P G M L T T T X
Q O A A I R P L A N E C E E L S
E D R R I E L B L R O I U F S S
O E E D K N O Y H E F X W D I O
O M H S S C R E S O R T Z N C M
Q C G E G Y E H C C T Z G R P T

Airplane
Airport
Baggage
Cab
Camera
Currency
Depart
Drive
Explore
Fly
Foreign
Guide
Journey
Map
Pictures
Plane
Postcards
Relax
Resort
Trip

Vegetables

A	R	S	M	C	B	Y	P	F	O	D	R	S	P	I	O
C	B	F	K	X	E	X	X	U	X	W	E	E	H	T	N
C	A	R	R	O	T	A	R	U	G	U	L	A	A	U	I
O	E	A	S	S	F	E	N	N	E	L	E	M	I	R	O
P	N	R	A	D	B	N	I	P	E	G	O	S	A	N	N
Z	M	T	U	M	A	L	F	O	A	T	O	K	I	I	G
E	U	I	U	D	O	A	E	B	A	Y	R	X	F	P	W
E	X	C	X	C	D	C	B	T	O	K	W	N	O	Z	N
U	U	H	C	O	S	A	O	E	T	H	S	E	I	E	S
C	E	O	S	H	C	P	G	R	N	U	G	N	N	Y	Y
T	R	K	F	C	I	U	E	J	N	K	C	P	R	X	S
B	E	E	S	P	I	N	A	C	H	A	B	E	E	T	S
R	D	A	M	T	M	Q	I	U	J	L	L	P	S	U	S
H	C	A	U	L	I	F	L	O	W	E	R	P	Y	O	P
W	C	C	I	G	L	X	D	E	C	C	I	E	O	P	L
A	R	I	H	R	W	P	S	O	V	W	R	R	N	B	N

Artichoke	Carrot	Fennel	Potato
Arugula	Cauliflower	Kale	Spinach
Beets	Celery	Lettuce	Tomato
Broccoli	Corn	Onion	Turnip
Cabbage	Cucumber	Pepper	Zucchini

Vitamin

C	E	U	Z	A	I	S	E	O	D	B	S	N	G	E	N
M	A	B	L	E	G	N	A	I	C	L	N	E	P	W	R
D	M	A	B	S	O	R	P	T	I	O	N	R	B	E	D
O	O	E	A	L	X	M	M	A	I	O	O	A	N	L	Z
D	U	D	L	Y	B	C	I	T	O	D	D	I	E	L	I
V	N	E	A	H	O	C	I	N	H	S	A	Q	R	N	N
E	T	O	N	P	T	R	D	I	E	T	A	R	Y	E	I
C	P	H	C	A	T	S	I	T	N	R	O	A	G	S	G
R	I	E	E	U	L	H	H	O	D	E	A	T	U	S	L
E	L	A	N	R	E	T	C	E	V	A	O	L	E	A	A
R	L	L	C	P	W	A	O	E	A	M	O	N	Q	E	T
N	A	I	S	O	T	B	N	X	A	L	O	L	R	T	X
M	O	N	R	W	Q	L	S	U	B	B	T	W	N	F	Z
M	W	G	C	D	E	E	U	H	P	O	S	H	H	L	E
N	S	F	K	E	E	T	M	X	N	C	D	H	J	L	A
H	T	E	N	R	T	D	E	N	E	R	G	Y	T	R	L

Absorption	Bones	Energy	Mineral
Amount	Bottle	Growth	Pill
Balance	Consume	Healing	Powder
Bloodstream	Container	Health	Tablet
Body	Dietary	Malnutrition	Wellness

L S S P E F C O M W R L I X E A
F E E J D S L G R R M E K I T R
E L R A R E O O E S V X F T I E
T N C D C Y U D W I C P O J R X
A R W Z R N D E T C R L S U U T
N C U O S L L C G E A O S V P C
R V E O H T A S O B T S I J T E
O T S I G T Y V A U E I L G U D
X E E A A G E T A R R O S S R R
G L O E N P R A P N S N E A E O
M A H S G S S T Q I M S Z D I C
T S I I T K M T M N A A N W O K
A V H S R C O N E G H I G Y S F
N I A B E W K S I G C D F M P E
T Y S D Z S E L D T E C P C A A
Q O C N A O U I I H I O E L O Q

Active	Cone	Gases	Magma
Ash	Craters	Hazard	Pressure
Burning	Explosion	Heat	Rock
Cinder	Flow	Lava	Rupture
Cloud	Fossils	Layers	Smoke

Water

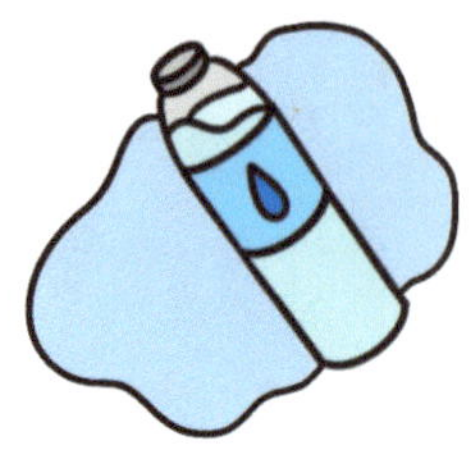

A	R	L	O	Q	Q	G	N	G	E	G	F	D	K	L	S
T	H	M	R	H	V	I	I	I	M	R	M	E	E	P	Y
N	O	M	E	O	A	M	L	W	A	M	Q	T	R	O	E
N	C	E	Z	M	A	L	D	D	E	R	W	K	E	O	D
C	E	P	A	E	S	A	K	C	H	A	N	N	E	L	R
E	A	O	S	E	A	K	D	D	R	I	Z	Z	L	E	O
L	N	N	W	C	J	E	D	L	Y	R	I	A	V	Q	N
Q	G	D	A	D	S	S	I	L	E	M	F	I	D	N	S
E	I	R	M	L	P	A	U	W	A	R	R	E	O	E	S
T	I	G	P	I	H	O	O	E	E	A	F	S	N	H	T
S	H	B	R	E	E	H	R	T	P	J	A	A	O	C	A
N	S	K	W	K	S	T	A	L	I	V	F	S	F	G	U
J	F	E	S	O	S	W	L	A	W	D	N	C	R	A	G
V	D	E	B	S	R	A	I	N	E	T	E	E	C	O	T
O	R	J	W	M	P	U	D	D	L	E	H	R	D	L	S
O	V	I	M	T	W	N	R	H	L	S	F	S	M	S	L

Canal	Lake	Rain	Swamp
Channel	Ocean	River	Tide
Dew	Pond	Sea	Waterfall
Drizzle	Pool	Shower	Well
Hail	Puddle	Stream	Wetland

Weather

E	A	V	C	E	M	T	T	N	R	T	S	A	A	X	O
A	E	G	F	R	S	E	Q	E	S	J	S	E	O	M	U
I	B	R	O	W	O	N	R	I	E	N	E	E	G	O	G
L	T	I	G	A	A	R	M	S	O	R	O	N	E	N	T
Z	T	S	I	E	C	R	T	S	E	R	I	W	I	S	E
E	W	I	C	G	O	T	F	H	E	A	T	N	O	O	A
R	R	L	E	T	L	V	P	U	R	F	T	R	K	O	F
R	E	P	S	I	D	S	E	R	T	H	F	S	F	N	O
K	A	A	A	P	O	R	W	R	G	W	N	O	D	X	C
T	P	H	U	M	I	D	N	I	C	F	S	R	T	K	L
N	X	T	T	T	L	U	L	C	N	A	E	Q	A	W	R
F	P	A	B	L	I	Z	Z	A	R	D	S	C	T	E	S
E	Q	L	C	G	P	S	U	N	N	Y	R	T	S	T	P
L	S	D	R	I	Z	Z	L	E	E	W	R	K	E	O	M
N	E	O	F	N	A	U	Z	O	E	L	M	I	S	E	Q
Q	F	E	N	B	J	I	R	N	H	E	I	D	A	S	E

Atmosphere	Frost	Ice	Rain
Blizzard	Hail	Lightning	Snow
Cold	Heat	Mist	Storm
Drizzle	Humid	Monsoon	Sunny
Fog	Hurricane	Overcast	Wind

A T E N E G S S C P F O C W G J
D A F A R W N C D M O W N A E A
T E N R S D T L H R B H B T E G
K H Z D E C M I B E R I A N N U
A P T E E M D O G G E C H I Z A
A O U N J A V N N E B T H L E R
F C X M E G N O E O R S A H M Z
T H F A A O A M B F I C O H D E
V Z P R Y G K L A F A H J D O S
G M A G C L O S E R V A L T A A
N E C A N A D A A O B W O P E N
C D D Y T G K C G Y P L M U A D
T T E J L E O N O M E A E W I E
R L E A I N D D S C P N R D S G
L T H H T K S L O R I R B D C P
N T F O O S G X S I I G R S Z A

Andean	Fishing	Leopard	Pampas
Bobcat	Geoffroy	Lion	Puma
Canada	Kodkod	Marbled	Sand
Caracal	Iberian	Margay	Serval
Cheetah	Jaguar	Ocelot	Tiger

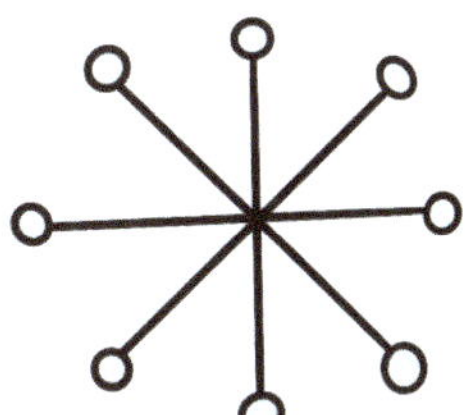

Winter

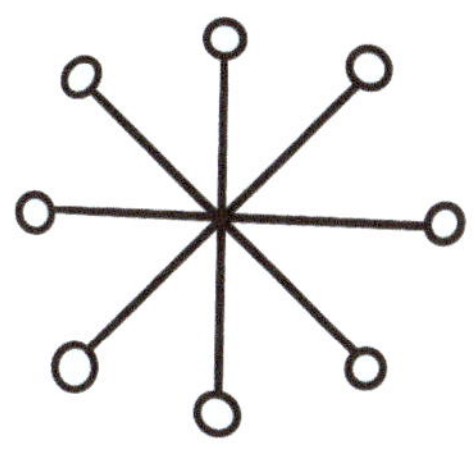

U	B	V	R	E	R	N	Q	A	F	G	F	C	Z	O	N
E	A	C	N	M	V	L	Q	J	C	H	I	L	L	Y	G
E	C	A	T	O	X	O	R	T	F	T	B	Q	S	S	I
E	B	Z	V	T	N	I	U	N	C	C	O	L	D	V	F
T	Z	B	L	Y	G	R	E	R	X	R	O	N	F	K	V
S	E	E	I	H	L	Z	A	X	E	Y	T	F	O	S	S
H	N	S	J	O	O	T	R	B	H	H	S	I	H	E	N
P	O	S	O	R	E	T	M	G	M	F	J	R	E	W	D
E	Q	W	F	K	E	E	U	I	M	S	A	E	O	M	M
O	U	E	N	C	C	O	F	R	T	N	C	H	R	E	E
S	I	A	G	E	C	M	F	Z	I	T	K	A	E	T	X
O	L	T	D	G	Z	D	S	D	I	C	E	S	R	I	Y
B	T	E	E	A	N	T	P	O	O	U	T	N	A	F	A
P	L	R	B	G	L	O	V	E	S	C	B	G	S	O	I
S	E	M	E	N	I	H	G	D	G	A	K	L	S	E	V
U	E	R	A	N	E	E	P	Q	Y	G	I	R	M	Q	Z

Arctic	Cough	Frozen	Quilt
Blanket	December	Gloves	Scarf
Boots	Earmuffs	Ice	Sled
Chilly	Eggnog	Jacket	Sweater
Cold	Fire	Mittens	Wool

Yard

J	T	R	I	E	G	T	O	P	B	B	W	O	B	T	X
H	Z	O	S	D	E	B	X	K	O	I	D	E	F	N	R
S	S	E	N	R	V	D	U	G	A	R	A	G	E	L	Z
C	L	H	M	F	O	B	D	S	A	D	C	D	N	D	M
W	O	O	M	G	F	E	G	Y	H	B	R	H	C	R	S
E	B	S	N	Y	H	N	K	G	L	A	W	N	E	I	I
K	O	E	Q	S	P	C	I	R	G	T	S	W	L	V	H
S	G	A	T	E	A	H	D	O	G	H	O	U	S	E	C
H	H	G	C	B	T	T	O	R	A	L	O	S	L	W	T
K	F	N	H	A	I	Z	V	C	F	N	A	T	P	A	E
W	R	U	G	N	O	T	O	H	E	R	B	S	C	Y	V
U	Z	G	E	A	E	S	N	K	G	I	U	C	C	G	W
T	R	P	D	N	C	C	A	O	S	R	B	X	I	R	A
I	F	H	C	O	V	R	T	T	E	O	N	R	V	D	Q
A	Y	N	M	N	K	S	M	R	N	E	G	Q	J	U	H
V	V	N	L	P	S	E	F	H	N	T	Q	A	T	H	O

Backyard	Driveway	Gate	Patio
Bench	Fence	Grass	Porch
Birdbath	Flower	Herbs	Rake
Bush	Garage	Hose	Shed
Doghouse	Garden	Lawn	Weeds

The End

remember to:

Believe

Dream

Achieve

Katelyn Lonas

Katelyn is a 14 year old who resides in Southern California. Katelyn loves to encourage others to always believe in themselves and chase after their dreams! She started writing and illustrating her first book at age 9 and then published 19 more books. She hopes you enjoy these word searches and be ready for more books to come!

– Katelyn

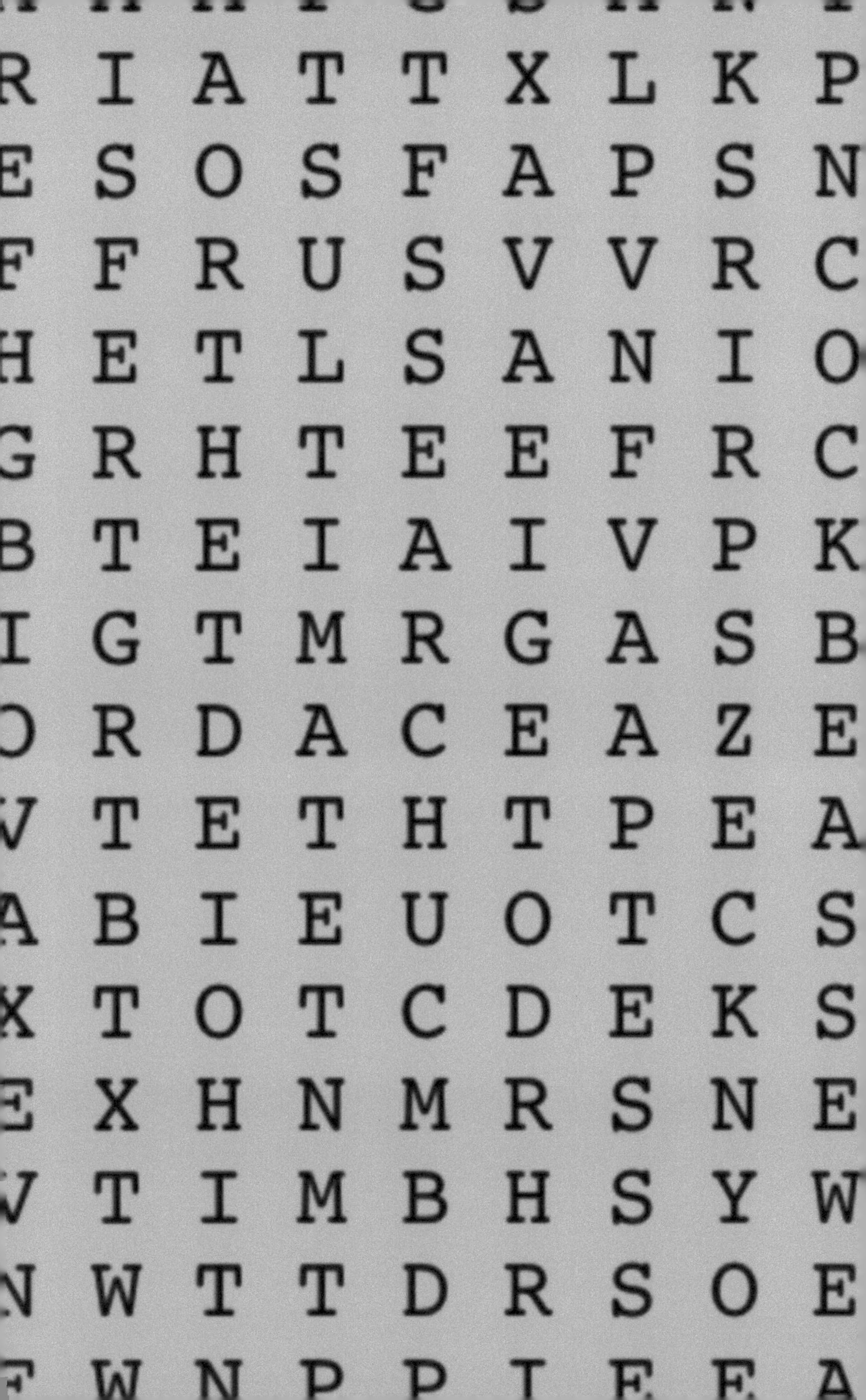
I A T T X L K P
S O S F A P S N
F R U S V V R C
E T L S A N I O
R H T E E F R C
T E I A I V P K
G T M R G A S B
R D A C E A Z E
T E T H T P E A
B I E U O T C S
T O T C D E K S
X H N M R S N E
T I M B H S Y W
W T T D R S O E

www.ingramcontent.com/pod-product-compliance
Lightning Source LLC
LaVergne TN
LVHW052254100826
845147LV00001B/44

* 9 7 8 1 9 5 5 0 1 3 0 1 7 *

Into Light

Poems and Incantations

Maja Trochimczyk

Copyright Notice

Into the Light: Poems and Incantations by Maja Trochimczyk is a book published By **Moonrise Press.** P.O. Box 4288, Los Angeles – Sunland, CA 91041-4288

www.moonrisepress.com

Manufactured in the United States of America

The Library of Congress Publication Data:

Trochimczyk, Maja, 1957–

[Poems. English.]

Into Light: Poems and Incantations /

Maja Trochimczyk, author

Second Color Edition. 82 pages (xii pp. + 70 pp.);6 in x 9in.

Written in English. Includes 29 illustrations and one portrait.

ISBN 978-0-9963981-8-3 (paperback)

ISBN 978-0-9963981-9-0 (ePub format)

ISBN 978-1-945938-03-0 (color paperback)

I. Trochimczyk, Maja, 1957–Poetry. II. Title.

10 9 8 7 6 5 4 3 2 1

Table of Contents

Poems ≑ 1

A Passage ≑ 2
A Walk in the Canyon ≑ 3
No More ≑ 5
Timelessness ≑ 6
Awakenings ≑ 7
The Bluest ≑ 9
A Subliminal Song ≑ 11
The Way Out ≑ 12
The Gift of Patience ≑ 13
Of Bliss ≑ 14
Look Inside ≑ 15
The Feast ≑ 16
Seeing Madonnas ≑ 17
Rosa Mystica ≑ 18
A Lesson for My Daughter ≑ 20
The Cornerstone of the Soul ≑ 21
How to Cross the Great White ≑ 22
After the Crossing ≑ 24
The Vanishing Point ≑ 25
See How We Dance? ≑ 26
Convergence ≑ 27
A Whale of a Song ≑ 29
From the Mountains ≑ 30
Cosmos ≑ 31
Gloria ≑ 32
Elijah's End ≑ 33

A Perfect Universe ÷ 34
On Squaring the Circle ÷ 35
Under the Midnight Sky ÷ 37
In a Magnolia Courtyard ÷ 39
Repeat After Me ÷ 40
A Rainbow Vision ÷ 42
The Infinity Room ÷ 43
Meditations on Light ÷ 45
Imagine a Star... ÷ 47
A Declaration ÷ 48

Incantations ÷ 49

Morning Greetings ÷ 50
Breathing Light ÷ 51
Giving and Receiving ÷ 52
Today ÷ 54
On Being a Tree ÷ 55
In the Sun ÷ 56
Crown Jewels ÷ 57
The Seven Suns ÷ 58
The Divine Path ÷ 64
The Stream ÷ 66
The Shield of Light ÷ 68
The Shield of Love ÷ 69

Introduction

After writing and editing a variety of books on music, dance, and poetry, and publishing poetry in various journals, I decided it is time to do something completely altruistic, without any shadows within, with a clear direction upwards, to the light. I pulled together my "enlightened" poems from the past 20yearsand created my own "incantations" — personal meditations and prayers, designed for quiet reading alone to uplift the soul in the morning, or provide a respite in a busy day.

My fascination with the twin themes of "Light" and "Love" dates back to my conversion period in Poland, when I first read the Bible from cover to cover and started collecting references to these mirrored themes. I thought of writing a mini-treatise on the topic of Divine Light to celebrate my baptism in 1987, when I became a Catholic at the age of 30. But somehow, I got too busy with other things and my planned treatise is now coming to life in an entirely different form.

This long and winding spiritual path was marked by a late start and guided by many unusual events, visions, and revelations —suitably so for a complete materialist, who would not believe in anything spiritual, unless personally experienced. I owe a debt of gratitude to those enlightened beings that have led me on the path of Light, and helped me discover the shortcut to Loving Kindness, the life of service.

First, my parents and grandparents taught me the joy of living close to Nature — planting and tending gardens; collecting bouquets of wildflowers and colorful leaves; picking berries and mushrooms in the forests; hiking; swimming; sailing; and gazing at the sky... They also introduced me to the world of Art — Music, Painting, Poetry, Film, Literature — and the world of Myth, of ancient Greece and the Native Peoples around the world, from Indonesia to the North Pole.

For my Father, Aleksy Trochimczyk, Nature and Culture were all that is (in many ways it still is all that is). Given the complexities of Culture and the imaginative layers of words, Nature has grown exponentially in its meaning and importance, since I first heard the skylark sing its heart out above a meadow in the spring and listened to the ringing silence in the fields at noon...

Somehow, this was not enough. Through a chance "synchronic" encounter, I met my Catholic Godmother, Sister Elia of the Franciscan Sisters in Warsaw, who taught me her rigorous "rules of conduct" as a perfect daughter, mother, student, and mystic — especially the Ten Commandments and the Two Commandments of Love. No matter how obedient to the Church, Sister Elia was not able to eradicate my interest in all things mystical, based on my personal experiences that were beyond her doctrine and my understanding. I took her name for my Confirmation, though - Elia, from Elijah, was a perfect choice I thought then, and I do now, listening to the breeze's gentle whisper...

Along the way, while making a discovery of a complete new continent of spiritual and religious writings, I read with great interest *The Cloud of Unknowing*, the writings and biographies of Blessed Hadewijch; Rumi; St. John of the Cross; Father Teilhard de Chardin; Thomas Merton; two twin souls, Discalced Carmelites Blessed Elizabeth of the Trinity (to be Canonized in October 2016); and Saint Thérèse of the Child Jesus from Lisieux, and many others, including poets Czesław Miłosz, Emily Dickinson, and the Beatles (*Yellow Submarine*).

One of the most influential books was the *Guidelines for Mystical Prayer* by English Carmelite, Ruth Burrows. The monastic tradition of mystic love, of seeking and discovering the Divine within one's heart has appealed to me much more than public and ritualistic aspects of Catholicism. I am appalled by the spectacularly vulgar opulence of the Vatican, and I do not believe Popes or Saints are to be worshipped. The Divine Light in every person's heart — yes. One, "infallible" man on a throne, claiming ownership of the world — certainly, not. I share this attitude with Giordano Bruno and many real, unknown saints.

And thus my journey continued. In the 2010s in California, I found insight and love in the poetry and friendship of the "Spiritual Quartet" - four women who have taken birds as their totem images while pursuing their own paths into Light,

sometimes parallel, sometimes inter-woven. Lois P. Jones ("the Phoenix"), Susan Rogers ("the Hummingbird") and Ambika Talwar ("the Peacock") have been faithful companions and guides on my own way into the Awakening. I'm "the Dove" of love, they decided, and so I am.

The next stage of my spiritual discovery started with the end of life of my mother, Henryka Trochimczyk (neé Wajszczuk) who died on July 4, 2013. I decided to find out why she believed in reincarnation, had an amber pyramid on her bedside table, and talked to her house plants. The plants were extremely happy with her, but withered after she left, so that proved a shared emotional bond. Now I talk to my plants and they thrive...But reincarnation? Books by visionaries Edgar Cayce and Dolores Cannon have provided some answers. I realize now that my overall worldview has to be entirely reframed – time and time again, as I grow in understanding, kindness, and love.

Therefore, the poems and incantations in this volume are not Catholic *per se*. Since my search is not over, I do not express any particular approach to spirituality or religion, except for my own mystical focus on the unknown Source of us all, the Light that draws us near, the Love that keeps us alive and dwells in our hearts. Baptized as an adult into the Catholic Church, after a long search for the right path, I'm an usher in my local parish, and find enough light in the Scriptures to keep me nourished. Scriptures, not Catechism and dogma. I have experienced the revelation of cosmic unity, the brilliance of selfless love, the sweetness of gratitude, the relief of forgiveness, and the presence of light in everything— particles of air, grains of sand, leaves, rocks and clouds...

I seek enlightenment where it can be found. In addition to weekly Mass, I attend "light-giving" sessions at the Sukyo Mahikari Spiritual Development Centers (with Susan Rogers as my guide) and spiritual healing sessions given by inspired healers, filled with Divine Light and grace, Kimberly Meredith and Ambika Talwar.

Some of my "incantations" feature variations on Catholic prayers, the Shield of St. Patrick and Hail Mary. Other texts are variations on words borrowed from Kimberly Meredith, or

Messages by Archangel Michael channeled by Ronna that I found on YouTube, or stories about past lives that I would not have been able to accept as factual merely four years ago. I paraphrase ideas and inspirations from the *Convoluted Universe* books by hypnotherapist Dolores Cannon, *The Law of One*, the *Spiritual Development Course* by the Abbotts (Australia), and the *Emerald Tablets of Thoth.* If there are any others, whose ideas I may have adopted as mine without proper acknowledgement, Love and Light to you all!

There are many parallels and synchronicities in the mystical traditions. While reading the Prayer to Fukushima Waters, for healing of the environmental damage, written by Dr. Masaru Emoto, you might recognize the sections of the Catholic Mass: "Water, we are sorry" (*Mea Culpa*), "Water, please forgive us" (*Kyrie Eleison*), "Water, we thank you" (the Eucharist), "Water, we love you" (the Communion). At least, that's what it seems to me, but I've been an unusual sort of a Catholic, converted from a scientific-atheistic worldview, enriched by personal mystical visions, that lead to an immersion in Light and a communion with the One. The "divine indwelling" described by the Carmelites parallels the discovery of the Adamantine Particles of Light, the Sparks of the Divine Spirit and the loving connection to the Source contemplated in meditation, deep within the heart.

In addition to those already mentioned, I am deeply grateful for all my teachers and guides who showed me the way, either directly — by sharing with me their positive and inspiring ideas and actions — or indirectly — by doing things that were not positive neither in intention, nor in outcome, but still were able to teach me and guide me to the way into Light. Finding the way to becoming a Child of Light has been the greatest adventure of my life.

I leave my reflections to my readers, with the hope that they, too, follow their pathways into awakening, into the Light!

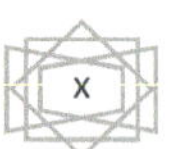

Prior Publication Credits

Poems "A Passage," "Timelessness," "The Bluest," "A Subliminal Song," "The Gift of Patience," "In a Magnolia Courtyard," and "See, How we Dance?" appeared in art-themed chapbooks of Poets on Site, edited by Kathabela Wilson in 2008-2011.

Poems "Awakenings" and "See, How we Dance?" were published in a volume of poetry inspired by Susan Dobay's art, *On Awakening,* edited by Kathabela Wilson in 2011.

Poems "A Promise," "The Feast," "Of Bliss" and "Seeing Madonnas in a National Museum in Warsaw," were included in my chapbook for Sister Elia, *Glorias and Assorted Praises* (2007), while "Convergence" appeared in *Meditations on Divine Names* that I edited for Moonrise Press (2012).

"Rosa Mystica" was included in a chapbook on Beatrix edited by Kathi Stafford (2012) and repeatedly reprinted.

"The Cornerstone of the Soul" "A Lesson for My Daughter," and "Cosmos" were first published in the now defunct local monthly, *Voice of the Village*(Sunland, CA). These and other poems, such as "Repeat After Me," and "Meditation on Light" also appeared on my poetry blog, PoetryLaurels.blogspot.com.

Into Light

To my Children

May your Heart be light as a Feather
May your Smile be bright like the Sun
May your Days be sweetened by Laughter
Loving Kindness
and Fun

Poems

"Over the Rainbow"

A Passage

a wild scramble through the rocks
scratched toes, bruised fingers, blisters

higher, faster, we can make it still
the golden glow is there
on the other side of the rift
in the curtains of stone
that slowly open
to reveal the glory
of a landscape
flooded by bliss,
a moment stolen
from time

higher

faster

we can

make it

still

A Walk in the Canyon

We walk on layers of
past lives. Fossilized shells
skin, bone, membrane.
Ripples in the sand
on the ocean floor
now frame the mountains.
The patterns sculpted
by waves linger on
after water disappeared.
Sand, sandstone, limestone.
Granulated, petrified by time.

falling– sinking – twisting – rising up

Like grains of sand
caught by the cosmic tide
we rise and fall with
the shifting clouds of light
and darkness. Words
change us into stone.
Words melt us in the fire
of compassion.

Like water, we flow
and disappear, droplets
of rain in the mountain stream

racing down the slopes
to the river, through the valley,
searching for the ocean.

The beating wings of the dove
struggle against the wind.

falling– sinking – twisting – rising up

“Spiral into White”

No More

Slav, Sclave, Slave —
We are all one — under
That thumb of powers that be
Of powers that do not want us to be,
To become free, creative, enlightened

Slav, Sclave, Slave —
We are all one, united
In the will to connect, all one
In compassion, in awareness
Of the ground under our feet,
The warm soil, trees growing roots,
Sparkling clean water
Flowing to fill us.

Made of water and stardust,
We are all one under the sunrays
Reaching down to touch our skin,
Nourish our muscles.

We claim our freedom
To be wise —to be kind—
To carry each other's burdens
To stand tall, walk forward
Together —

NOTE: "Sclave" means "slave" in Latin; the name used by Romans for the "Barbarians" in the north-east of their empire.

Timelessness

Yes, there is time
Yes, there is weight
of the rocks on the skin
of the earth making
it harder to breathe
for the beast of eons

Yes, there are clouds
Yes, there is air
cut with wispy stripes
of whiteness wishing,
willing itself into being,
into solid forms that
dissolve in the merest
breeze, flee into nothing

Yes, there we are
Yes, matter stays
atoms, prions, electrons
dance in an endless cycle
of DNA spirals, molecules,
blades of grass and gravel

Yes, there is time to watch,
to catch the transient beauty
of living in red harmony
blood circling in our veins,
rock dust changing into stars

Awakenings

~ after a painting "City Whispers" by Susan Dobay

First to wake: the maple tree.
Up and up, sprouting from a seedling.
With a crown of burnished gold, white
diamond crystals for winter –
It slept through blizzards to flourish
dressed in pinks and celadons.

Second awake: the girl.
Watching the trees from her bed
Or her wheelchair. She cannot go far
Into the streets, filled with noise.
Protected by smooth glass panes
She sees the buds on each twig
Fill out until they burst
Into carmine, wrinkled bows
Small and shiny, maturing
As they change into the green.

The third: a robin calling out
To his friends, dispelling darkness
With his shrill fluted motives.
The spring is woven from his calls,
Warmed up in red feathers on his chest.
He came late to scratch the ground
For a worm to peck, a beetle.
The looping birdsong measures
The coming of days.
It floats up and up,
Above the rooftops.

The girl touches her curly blond hair
Growing longer, straighter

As the nurse braids it each morning.
The life, the light, she wishes
For this power to come in.
Make her walk, yes, make her walk.
She stretches up and up.

Outside, city whispers.

"City Whispers" by Susan Dobay

The Bluest

Oh, to float into blue distance —
a dream of weightlessness,
knowledge of nothing but the air
in the lungs, air carrying the limbs
from cloud to cloud into being,
into tranquility, into peace

All made of water, we live
in the Cloud of Unknowing
we breathe mist of a shroud
surrounding the mystical
peaks of the Ancient One
that will not be known
nor understood fully

We have to, we must fly
higher, we must grow wings,
strain in our childish hope
that we'll find the brilliance
hidden beyond the bluest
blue of infinity, of time

shadows recede
to the roots of new leaves —
light blossoms

A Subliminal Song

the yin and the yang
push and pull
dance and twirl
in the vortex of stars
interstellar dust
oscillates at the edge
of black holes before
imploding
into a new dimension
cosmos reborn
beyond limits
of disordered time

the yin and the yang
flow and recede
grow and wither
circulate in the blood
moving through
the veins, the heart
weaker, stronger
in tears and in smiles
falling into darkness
shining with wild flames
of boundless energy
new love, new life

The Way Out

If you feel darkness touching you,
its moving, sticky tendrils reaching out
to wrap around you, its magma
of opaque substance flowing slowly
to envelop and devour you —

Say: *No.*
Say: *Stop.*
Say: *Go away.*

Say:
I'm a sovereign citizen of the galaxy.
I invoke the law of free will.
I refuse to be touched by darkness.
I seek shelter in Divine Light.

Stand firm. Do not fall into the void
of fear, anger, selfish cruelty and hate.

Say:
I ask you kindly, my dark velvet beauty,
leave me, go where you belong,
where countless delights await you.
Do not fear Love. Do not fear Light.
Go find your peace. Go find your bliss.

See? The clouds are lifting. Black
cords disappear. Thank Light
for its brilliance. Thank Love
for its kindness. Thank Life
for its sweetest gifts
only you can find.

The Gift of Patience

squeeze your eyes tight
raise your face to the sun
see the magic kaleidoscope
of jagged shapes
under your eyelids

the white light heals
the white light erases
the white light sings
a new world into being
a world without torture
a world without shame
a new world

just close your eyes
just wait, do not peek
the grace will come
the grace will come
the white light sings

"White Ray"

Of Bliss

I'm burning but I'm not burnt
In agony, but not yet dying
Light streams out of my heart
Filled into overflowing
Sounds of an ancient tongue
Trigger a glimpse of a time
When the rose and the flame are one
Wreath of fire which engulfs me
Dissolving into stillness

A white wave reaches its destiny
The valley brightens
Under a shaft of sunlight
The air is sweetened with flutes
And harps —How obvious—
How delightful! A breath
of music cascades into silence

Love has no father, no mother
But this— Perfection
Of all things in all
Feelings collapsed into one
Not a longing, really
And not satisfaction.

Perfect fulfillment—
All dreams

Look Inside

There is a galaxy
twirling inside your chest.
Billions of multicolored suns.
Thick nebulae, droplets of planets
in azure and sage float through
the velvet darkness, spiral
in the waltz of the eons.

In this vortex, they dance,
they swirl, they sing. You are
their song — the resonant voice
of your galaxy, in harmony
with myriads of stars stretching
in all directions, beyond here,
beyond time, always now.

See, how the universe pulsates
with the divine love in its heart?

"Peace in Light"

The Feast

the fruit is ripe —
come and gather
the flowers are ready
for the taking —
come, enjoy

voices woven into tapestries
of sweet melodies, the violins'
harmonious chords
a rhythmic drumming
of the heartbeat
the dazzling multitude
of leaves and petals
rainbow geometry of life
air suffused with the scents
of lilac and jasmine
rich taste of honey
on your tongue
and the comforting warmth
of your beloved's hand

eat and drink
in lucid delight,
my dearest

the feast of Love
has begun

Seeing Madonnas
At the National Museum

Gothic Madonnas
with down-cast eyes
demurely
look within—

the infinity of love
spreads out
the galaxies of laughter
amidst nebulae of bliss

happy overabundance
marks their cheeks
with a half-smile
of knowing

Madonna of Krużlowa from the National Museum, Kraków

Rosa Mystica

The love that calms this heaven always offers welcome /
with such greetings to make the candle ready for its flame
~ Dante, Il Paradiso, Canto XXX: 52-54

I knew it all along (at least,
suspected)—— Beatrice's
swimming cap betrays
Heaven as nothing but
an oversized pool

where saints swim like fish
in the river of light
and God-Mother rests
on white lounge petals
of a Mystic Rose

Giovanni di Paolo's
illumined pages of *Il Paradiso*
unveil creature comforts
beyond the sapphire glow
of Dante's Empyrean

Angels curl in their pods
like babies asleep
on metallic wings
with round pillow halos
of shimmering gold

Multi-hued gowns of cobalt,
salmon, sage, and sienna
reveal the childish joy
of heavenly hosts
adoring the Trinity

Cherubs play hopscotch,
dance the *Sarabande*
twirl like a swarm of bees
among light-bursts that do not
sear their eyes with pain

Rushing waterfalls of laughter
sparkle in diamond waves
on the robes of our Mother
Daughter of her Son
figlia del tuo figlio

She gave Him a kiss
on the way to Rose Garden —
serene Love's Greeting
beneath seraphic wings

rainbows that cut our darkness

"A Collage with Beatrix," based on Giovanni di Paolo's illuminations
For Dante's *Il Paradiso*

A Lesson for My Daughter

After a ruby-colored glass of Merlot
I told my daughter
the secret of the Universe.

I solved it at noon, by the river.

Questions do not matter.

The right answer to life is: "Yes."

If you build a circle of "Yes" around you,
affirming the essence of beauty,
you'll be safe.

If you say "I love you" to everyone —
very quietly so they can't hear,
but you know —

You'll walk in a sphere of gladness
no insult or curse may pierce.

You'll be whole and holy—
living deeply where love blossoms,
laughter bubbles, and joy overflows.

The Cornerstone of the Soul

Fortitude:
Keep smiling. Grin and bear.

Justice:
Do what's right, what's fair.

Temperance:
Don't take more than your share.

Prudence:
Choose wisely. Show you care.

The Four Cardinal Virtues:
The cornerstone of the soul.

Once you've mastered the steps,
New ones appear —

Faith: You are not alone.
Hope: And all shall be well.
Love: Where we are.

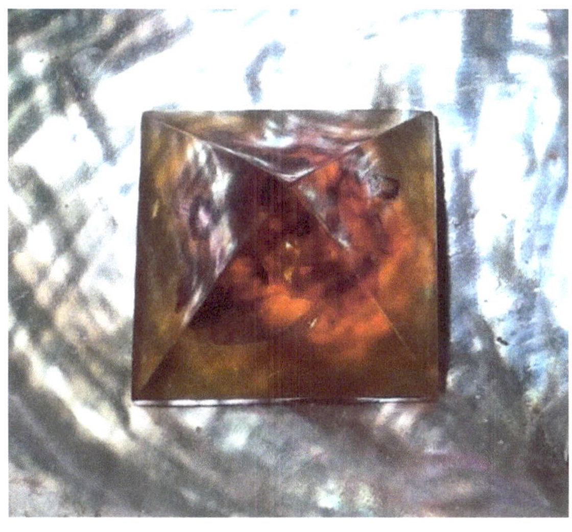

"Amber Pyramid in Light"

How to Cross the Great White

We are almost there. The pink stretch
of light on the horizon.
The luminescent arch above
thick trunks, crowned with the lace
of twigs and branches. A gathering
of trees is calling us. Almost.

We have to cross the salty plain
without life — white, bone-quiet,
it stretches into the distance, pulls us
within — to forget, to linger, to remain
lonely, immobile, transfixed. Almost.

We look up to the ribbon of light
above the horizon. It shines
like a crystal egg of rose quartz,
the sign of solace, understanding.
We raise our gaze higher, to the aqua,
pearlescent, indigo firmament,
with trillions of stars watching us,
unblinking.

Each step takes us further, closer,
as we search for the contours
of Orion, his belt lost among
untold treasures.

Scattered nodules of light
sail through space,
sing the morning anthem.

The first birds stir in the branches,
comb their feathers,
wait for the awakening sun.

Eons pass. We walk
through the great absence.

Our steps echo
in the vaults of the Night.

"Hands in Light"

After the Crossing

Imagine Lethe, the river of forgetfulness
just behind you. Its foamy waves,
curling in darkness. You made it.
You did not forget. The Great White
Desert let you pass. It sighed heavily, unwilling.

You are here. Standing under the canopy
of stars in liquid amber sky. Your toes
sink into the carpet of evening grass,
the luxury of ermine smoothness.

You are sheltered by monumental trees,
weighing the ages with cosmic precision.
They remind you of the beak of the toucan,
its multi-colored feathers shining in the mist.

The path's unveiled — birds led you
all the way. You made it. You are here.
You remember. The verdant softness
beckons you to lie down, watch
the rainbow flight of the toucans,
the unfurling wings of dawn's
bright swans.

I'm glad you came. I'm glad we made it.
We are here. We did not forget.

The Vanishing Point

At the edge of an infinite ocean
That's breathing time into space
In the temple of light
Columns shine from within
With warm brightness
That comforts and heals

There are great halls and countless
Mirrors in this brilliant library of ages
Where you find all books, and all
Knowledge that was, is, and ever will be

In this temple of light
Where columns shine from within
We rest in the glow of wisdom
And learn who we are —
All one, all together, strands woven
Into a tapestry of thought and breath,
Undulating with life

It is done —we walk in
the door's open

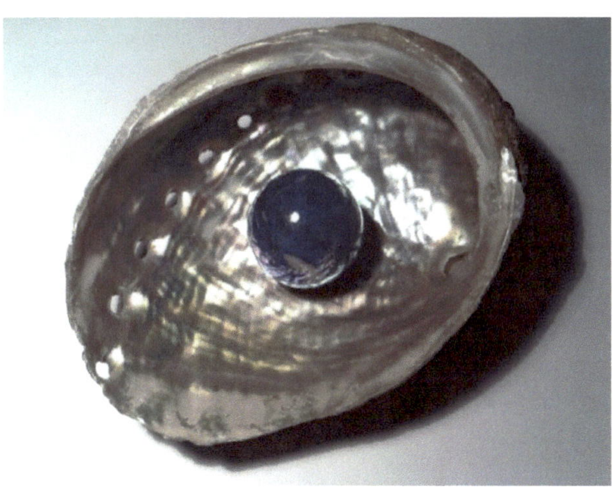

"Holding a Lapis Universe"

See, How We Dance?

~ after Susan Dobay's "Musicscape 12"

Simon says — "grow"
and our roots reach for water
our branches for the sun

Simon says — "blossom"
and our pink petals open
in a gold mist of newness

Simon says — "sing"
and we let the breeze whisper
with hummingbirds, jewels, leaves

Simon says — "fly"
and we turn and turn again
in swirling clouds, voiceless music, dancing

Convergence

everyone is singing around me
everyone

awash in their voices
I stand in the Melbourne cathedral

English vespers, Communion
my heart races — I am still

I am taken— the white bread
becomes my body — I am the bread

white manna surrounding the world
in a blizzard — dancing, falling

I fly with the spirit-wind
encircling the globe

I multiply like loaves and fishes
in the desert

I am eaten, nourish millions
set them on fire

snowing manna
droplets of light

sparks of cosmic flames
everywhere

delighted by velocity
dizzying heights and depths

on terraced rice-paddies
in musty stone cathedrals

wooden churches
shining like amber at dusk

I'm the blanket of light
that covers the world

with serenity— ascending
in crystalline air— love sings

"Blessed by Light"

A Whale of a Song

They sing, as they ride the waves,
laughing. They sing to the depths
of the ocean, reaching its sandy bottom,
submerged peaks and valleys.

Their song echoes through
the crystalline expanse of the sky,
bounces off the translucent
rays of starlight.

They dance on the waves, weaving
the web of love from their song.

In the invisible rhythm of seven billion
heartbeats, they encircle the globe,
traversing all the oceans.

Did you know
that whales and dolphins
are our cosmic guardians?

Did you know
that Orca, the whale,
is my patron saint?

I have a totem stone to prove it,
a gift from a seer who once told me:

> *Do not forget to listen*
> *to life-giving music.*
> *Do not ever forget*
> *the song of the whales.*

From the Mountains

In flames,
smothered with charcoal
the mountains sing,
greening —
grass is their song
and sage and lily

resounding calm arising
from the slopes
shapes the air
into inverted bells

they call to me waiting
for my small voice
to dissolve
in their harmonies
and ring

like a blade of grass
stirred by the breeze
on the high meadow —
passing into silence

"My Whale Saint"

Cosmos

green rings around a red heart
sing in the darkness, sing
and blossom

light waves dance across
millions of years swirling
within black matter

the stars are born
the stars are born
radiance

green clouds around red suns
bloom in the vastness, bloom
filling the void

clusters of galaxies expand
crush and collide
the ages turn

before me — beyond me — through me

a spark of cosmic fire
I float up to the unknown
glow of the timeless "yes"

the stars are born
the stars are born
brightness

Gloria

it's so nice to be
glad
contentment knows no bounds
joy
grows from the fertile soil of
tears
spilled in a happiness that
love
only could bring back from the
lost
hours and evenings beyond
bliss
merging the end with the
start
in one magnificent moment

"A Pure Heart"

Elijah's End

And the curtains of fire open.
And God walks through.
And I fall on my knees
Struck down by the might
Of his presence.

And the ground under my feet
Roars and trembles.
And God is with me.

In awe, I do not dare to look
Into the laughing beauty of his eyes.
And the gale changes into a breeze.
And God speaks in a whisper,
Sweetly announcing
The end of the world as it was.

And the sun stops in its tracks.
And the world explodes.
Filled with love, so much love,
It could not bear existing
For one more minute.

— now it ends —
— now it blossoms —
— now it grows again —

A Perfect Universe

We live in a perfect universe
of what is, right next
to a galaxy of universes
of what could have been —
endlessly fascinating and desirable,
yet unnecessary.

A myriad of possibilities opens up
with every step, every gesture.

Choosing well —this is
"the narrow path."

"Walking into light"

On Squaring the Circle

It is a simple square that contains the circle —
four ideas, four words —

— Sorry — Forgive — Thank — Love —

No need for explanations,
long winding roads of words
leading into the arid desert
of heartless intellect, auras
of geometric shapes floating above
your head — a scattered halo
of squares, sharp-edged cubes
prickly triangles, and hexahedrons

No, not that. Instead let us find
the cornerstone. Simplicity.

Sorry — to erase the past

Forgive— to open a path into the future

Thank— to suffuse the way, each moment
with the velvet softness of gratitude

Love — to find a pearl unlike any other,
a jewel of lustrous shine — incomparable,
dazzling, smooth, pulsating sphere

A dot on the horizon grows
as you, step by step, come closer
until you enter into the shining
palace without rooms
where inside is outside,

the circumference is in the point,
the point in the circumference—

where movement is stillness
and stillness dances within —
traveling to a myriad planets,
suns, galaxies, with unheard-of
velocity, everywhere at once

Love everyone — Respect everything

*   *   *

So that's how you square a circle

"The Nectar of Light"

Under the Midnight Sky

~ for Ambika

She said—*Close your eyes.*

You are in an opulent palace.
Look at the exquisite, velvet curtain.
What color is your curtain?

Open it, and step outside. Walk
through the colonnade of marble
to the garden beyond. It is night.

As you step onto the fresh, wet grass
you feel the coldness of the dew.
You look around. What do you see?

I look up at the brilliant darkness
of the midnight sky, veined with gold,
filled with constellations, marked

with the stripe of Milky Way
spilled by a startled goddess
across the spine of the Universe.

I see the fireflies of stars. My eyes
touch the light that left them
millions of years ago.

My mind stretches into infinity,
Touches star nebulae and swirls
in clouds of interstellar dust.

I see myself up there, the one star
that is linked to me, as we drift
further and further away.

The cord stretches and pulls me
up to the star, pulls me, with my star,
to where it all began, the One,

the heart of Love and Light,
the point and circumference,
the dot of singularity.

Star clusters grow inside me.
Galaxies flower within me, dancing
on their elastic, golden cords.

They converge and explode.
They escape and return, unbidden.
My mind maps the Cosmos.

My mind is the Cosmos.
Cosmos in my mind.
The Divine Mind.

In a Magnolia Courtyard

It is where you rest in the eternity
of pink magnolia happiness

while petals drop down
onto the pavement
in the open hands
of a Buddha sculpture
sharing your bench

where you wait
with magnolia teacups
for the rain nectar
to fill you with hope
after the parting
of clouds in the sky

"Light Luxury"

Repeat After Me

After Prayer for Fukushima Waters by Dr. Masaru Emoto:
Water, we are sorry /
Water, please forgive us /
Water, we thank you /
Water, we love you

Yes, you can find it. /Your way out./
It is so simple. /First you say:/

I AM SORRY / – WE ARE SO SORRY./

We are the guilty ones,/ we are all at fault!

What happens next? /The door opens./
We stop at the threshold and say:/

PLEASE FORGIVE ME, / I FORGIVE YOU./

Forgiveness erases /all my fears,/
all our sorrows / The burden
of dead thoughts is lifted./ See?/

We float up into brightness./
We are sparks of starlight. /
a constellation dancing in the sky/
as we say:/

THANK YOU,/ THANK YOU VERY MUCH./

Filled with gratitude /
for every cloud, leaf and petal, /
every breath we take,/ every heartbeat,/
/we are ready, at last,/
to say what's the most important:/

I LOVE YOU, MY WORLD, /
I LOVE YOU, MY SUNLIGHT /

I give you all the love /
of my tired, grateful heart!

That's right, let's say it again./

I LOVE YOU,MY SPLENDID, STUPENDOUS, EXQUISITE, DELIGHTFULAND MAGNIFICENT LIFE!

Now, step by step,
one word at a time...

NOTE: Each phrase to be recited by the reader and repeated by the listeners at the / sign.

"Pink Infinity"

A Rainbow Vision

Light ascends from circle to circle.

The first glows like a wine-red ruby
brimming with the mysteries of life.

The second— amber— attracts, inspires
with riches of smoothly flowing honey.

The third holds it all together, outlined
in precious metal, brightly polished gold.

The fourth scatters soft rose petals
on the hard, green jade. Together,
they explode into emerald glow.

You see the fifth, the clearest sky-blue of
azure, laced with sapphire and turquoise.

The sixth, an amethyst of unseen beauty —
shines with pure violet light, from within.

The seventh— don't forget the seventh—
is the crown of a thousand petals,

sparkling with the brightness of
white diamonds, star crystals of light.

The Infinity Room

... is closed, they say, at the Broad Museum.
I do not trust them. I would not go in, anyway.

I find my own Infinity on the beach –
floating on the waves that crossed the Pacific
to lick my toes covered with sand crystals.
It is scattered among the multicolored pebbles
in shallow tide pools I walk through to reach you.

I'm home now.

My infinity stirs in dewdrops on the grass –
diamond sparks on moss green, chartreuse
and celadon shining in early spring light.

It tastes refreshing in cold juice
of an orange picked in my garden
when it's 33 outside. It echoes
in the melodious phrases
of the mockingbird, claiming the top
of my pine, its contours outlined
against the misty hilltops
and the bluest of California skies.

Where is ours? Where do you find
that spark, that voice,
that calling?

Is it the sunrays bouncing off
the mirror surface of the lake?
Splitting into a myriad prisms
dancing between your fingers?
Your private rainbow? Or when you

walk into the room
with Jeff Koontz balloons
and see yourself reflected
in the smooth, polished skins
bright and translucent
like air bubbles,
a giant child's delight?

I hold a bouquet of infinity in my hand.
It opens to blossom
in ellipses, circles, petals –
intersecting trajectories of light,
reverberations of energy
reflecting a multitude of time-lines –

crystal after crystal – wave after wave

carnelian into amber into gold –
emerald, turquoise, and sapphire –

amethyst radiance above a myriad
of cupolas – other infinities
that pass me by

Meditation on Light

Close your eyes. Take a deep breath. Relax.

Imagine a bright, golden-white light right above your head, a miniature sun. Its golden rays shine all around you, through you. You are surrounded, enveloped, protected by light. You are Light. You are Love. You are safe.

Now, breathe in this light. See how it starts to shine inside you. With each breath, the brightness descends into you, deeper and deeper. Light enters and fills you. It shines inside your head. You see it in your mind's eye. Light particles scatter and flow in waves. All your thoughts are pure light. There is no darkness. Only light, only peace.

Now, the white light expands and settles in your heart. A sun shines in the middle of your chest. It stays there. The pulsating sun-heart moves the golden-white, dazzling light into all parts of your body. Your blood and veins are full of light. A warm glow spreads all over. Darkness disappears. Light is everything.

Streams of light flow through all your organs, muscles, and skin. Light rays cleanse, purify, and heal. They flow to the fingertips, the tips of your toes, through your eyes, ears, mouth, and nose. Even your hair is full of light. From the top of your head to the soles of your feet, you are all made of light.

Breathe deeply. Breathe in— breathe out—
Breathe in— breathe out. Now—in this moment—next—

The energy flows and pulsates. You feel lighter, fuller, calmer, brighter. You are joyous, thankful. Shining with the golden-white glow of your light, you feel vibrant, fully alive.

You say YES to the light, YES to the life this light brings.

You rest in the tranquil rhythm of your breath. Rest in the strong, steady rhythm of your heartbeat—
a pulsating, bright, golden sun.

You are light. You are love.
All made of light. All made of love.
Still— silent — serene—
The brightest sun.

* * *

Now, open your eyes. Feel the earth beneath your feet.
See everything around you. You are here. You have arrived.

"Be the Sky" with Matilija Poppy

Imagine a Star...

... above your head. Imagine
a bright shining star
of white golden light.
Imagine a sparkling star
with long brilliant rays
wrapping your entire body
in a cocoon of light.

Imagine you are safe
in this light like a chrysalis,
waiting to become a butterfly,
like a walnut in its shell
before it grows into a tree.

Light permeates your body.
Light flows in your veins.
Light shines in your mind.
Light pulsates in your heart.

You are liquid light.

You are light.
You are love.
You are safe.

A Declaration

I am a sovereign citizen of the galaxy.
My heart goes out to the mountains.
My feet grow roots in the light.
My eyes touchthe firmament of stars.
I breathe the gold air of goodness.
I drink the lucid water of joy.
Nourished by divine affection, I thrive,
linked to all living beings —
snow crystals, seeds, trees and sunlight.
In harmony, we sing the chorale of dawn.
I choose to love all, live in love.

I thank light for its warm brightness.
I thank trees for their fruit, for leaves
giving oxygen. For strength and patience.
I thank water for its lucid beauty
in streams, rivers, lakes and oceans
sustaining me, a parched droplet
of stardust. I thank air flowing in my lungs
and whispering in the treetops.
I thank the Universe and stars
that exploded eons ago
for the gift of my body.
I am grateful to you all.

I am a sovereign citizen of the galaxy.
My life is a song of gratitude.
I sing, I love, I sing.

Incantations

May the blessing of light be on you
Light without and light within.
May the blessed sunlight shine on you
And warm your heart till it glows
Like a great peat fire.

Morning Greetings

May your grace brighten my day
God of Life
God of Light
God of Love

May your kindness shine in my eyes
God of Life
God of Light
God of Love

May your joy lighten my heart
God of Life
God of Light
God of Love

Open my eyes — Open my mind — Open my heart
Let me see — Let me feel — Let me give
The gift of Love
The gift of Joy
The gift of Peace

Let me be —good, patient, and kind
Let me be —gentle, faithful, and true
Let me be —the best possible me
All morning
All evening
All night

Let me shine
With your Love and Light
All day today and my whole life

Breathing Light

for breathing in — breathing out

I am loved — I love
I am a gift — I give

I am creative — I create
I am beautiful — I share beauty

I am peaceful — I share peace
I am joyful — I share joy

I am patient — I wait in silence
I am kind — I share kindness

I am strong — I share strength
I am wise — I share wisdom

I am Love in action
I am Light shining in all

"Diamonds"

Giving and Receiving
An Alphabet Game

When I give — I receive

Affection	—	Affirmation
Blessing	—	Bliss
Caring	—	Cherishing
Devotion	—	Delight
Excellent	—	Exquisite
Friendship	—	Fun
Grace	—	Gratitude
Honor	—	Humor
Inspiration	—	Insight
Joy	—	Jewel
Kindness	—	Kinship
Love	—	Light

As you give, so you receive
The game continues, from A to Z

Blessings to blessings
joy to joy, light to light

"Into the Light, into the Lake"

Today

I am a miracle of life

I do what I want
I want what I do

I am perfect

I am a cosmic tree
I grow by the calm lake of light

Its smooth opal surface
Reflects the sun's smiling face

My roots drink liquid light
My crown sparkles with stars

My leaves are green with peace
My flowers are gold with joy
My fruit is ripe with wisdom

I am a living miracle
I am perfect

From noon to midnight
From midnight to noon

I love what I do
I do what I love

I am – I shine
I am one with One

I am perfect

On Being a Tree

I am a tree —
My roots search for water
I drink, I grow, I live

I am a tree —
My branches greet the wind
I dance, I grow, I live
I am a tree —
My bark is moist with rain
I drink, I grow, I live

I am a tree —
My leaves kiss the sun
I breathe, I grow, I live

I am a tree —
My blossoms mirror stars
I bloom, I grow, I live

I am a tree —
My fruit feeds the world
I give, I grow, I live

"A Jewel Leaf"

In the Sun

I’m in the heart of the Sun
I AM the heart of the Sun

I'm in the rays of the Sun
I AM the rays of the Sun

I'm in the Sun's corona
I AM the Sun's corona

I'm in the Solar wind
I AM the Solar wind

I'm in the stream of Light
I AM the stream of Light

I'm in the Sun's golden heart
I AM the Sun's golden heart

I'm in the Sun's brightness
I AM the Sun's brightness

I'm in the Sunlight's blaze
I AM the Sunlight's blaze

I'm in the life-giving Light
I AM the life-giving Light

Crown Jewels

I am an onyx of grounding
I am amber of attraction
I am a topaz of resilience

I am a rose quartz of affection
I am a turquoise of expression
I am an amethyst of insight

I am a sapphire of faith
I am an emerald of hope
I am a ruby of love

I am a crystal of clarity
I am a pearl of understanding
I am a diamond of light

"A Shell Full of Gemstones"

The Seven Suns

With deep breaths, I greet the sunrise.
Bright sun above my head. Its light rays all around me.
Bright sun in my mind. Bright sun in my heart.

The first sun is alive — *I live*

The red circle spins. The red sun shines.
The coral circle spins. The coral sun shines.
The ruby circle spins. The ruby sun shines.

Red — Coral — Ruby — Carnelian

I am Divine Matter
I am Divine Body
I am Divine Presence

Faster— brighter — spinning — shining —

Matter — Body — Presence

I am a Red Ruby — Alive

The second sun is aflame — *I give*

The orange circle spins. The orange sun shines.
The copper circle spins. The copper sun shines.
The amber circle spins. The amber sun shines.

I am Divine Spark
I am Divine Flame
I am Divine Intention

Orange — Jasper — Copper — Amber

Faster— brighter — spinning — shining —

Spark — Flame — Intention

I am a Pure Amber — Aflame

The third sun is ablaze — *I hold*

The yellow circle spins. The yellow sun shines.
The topaz circle spins. The topaz sun shines.
The gold circle spins. The gold sun shines.

Yellow — Gold — Topaz — Citrine

I am Divine Energy
I am Divine Balance
I am Divine Strength

Faster— brighter — spinning — shining —

Energy — Balance — Strength

I am Bright Gold — Ablaze

The fourth sun is aglow — *I love*

The green circle spins. The green sun shines.
The jade circle spins. The jade sun shines.
The emerald circle spins. The emerald sun shines.

Green — Jade — Garnet — Emerald

I am Divine Kindness
I am Divine Love
I am Divine Compassion

Faster— brighter — spinning — shining —

Kindness — Love — Compassion

I am a Green Emerald — Aglow

The fifth sun is aware — *I speak*

The blue circle spins. The blue sun shines.
The turquoise circle spins. The turquoise sun shines.
The sapphire circle spins. The sapphire sun shines.

Blue — Aquamarine — Turquoise — Sapphire

I am Divine Voice
I am Divine Expression
I am Divine Truth

Faster— brighter — spinning — shining —

Voice — Expression — Truth

I am a Blue Sapphire — Aware

The sixth sun is awake — *I see*

The violet circle spins. The violet sun shines.
The lapis circle spins. The lapis sun shines.
The amethyst circle spins. The amethyst sun shines.

Violet — Opal — Lapis Lazuli — Amethyst

I am Divine Vision
I am Divine Insight
I am Divine Wisdom

Faster— brighter — spinning — shining —

Vision — Insight — Wisdom

I am a Clear Amethyst — Awake

The seventh sun is alight — *I shine*

The white circle spins. The white sun shines.
The diamond circle spins. The diamond sun shines.
The crystal circle spins. The crystal sun shines.

White— Quartz — Diamond — Crystal

I am Divine Radiance
I am Divine Clarity
I am Divine Light

Faster — brighter — spinning — shining —

Radiance — Clarity — Light

I am a Diamond Sun — All Light

I am immersed in the Light Sphere
I am a droplet in the Light Ocean

* * *

The circles spin, laughing. The suns glow with joy.

Matter — Body — Presence —
Spark — Flame — Intention —
Energy — Balance — Strength —
Kindness — Love — Compassion —
Voice — Expression — Truth —
Vision — Insight — Wisdom —
Radiance — Clarity — Light —

I am a rainbow of light
I am a rainbow of love

I am all made of light
I am all made of love

I am light
I am love

I am

* * *

With deep breaths, I bless the sunset.

The white circle rests. The white sun sleeps.
The violet circle rests. The violet sun sleeps.
The blue circle rests. The blue sun sleeps.
The green circle rests. The green sun sleeps.
The yellow circle rests. The yellow sun sleeps.
The orange circle rests. The orange sun sleeps.
The red circle rests. The red sun sleeps.

I am Love in action
I am Light shining in all

Amen — Let it be
God's Light shines in me

Amen — Let it be
God's Love shines in me

"Steps to Perfection"

The Divine Path

I am a Spark of Cosmic Fire
I am the purity of God's heart
I am a Spark of Cosmic Fire
I am the perfection of God's mind

The Divine Mind of God and I are One
The Divine Heart of God and I are One

I am Divine Light
I am Divine Love
I am Divine Faith
I am Divine Truth
I am Divine Spark
I am Divine Strength
I am Divine Presence
I am Divine Radiance

I am Love in action
I am Light shining in all

I live in the Light of Divine Mind
I live in the Love of Divine Heart

I am Divine Joy
I am Divine Peace
I am Divine Beauty
I am Divine Grace
I am Divine Harmony
I am Divine Serenity
I am Divine Gratitude
I am Divine Abundance

I am Love in action
I am Light shining in all

For the gift of freedom
Praise God's Holy Name

For the new beginning
Thank the One, True Love

For the spring of joy
Sing the purest song

Of Love that was, is
And forever will be in you—
With you—around you

Love the Love—
Love the Greatest Love—
Praise God's Holy Name —

Amen — Let it be
God's Love shines through me

Amen — Let it be
God's Light shines through me

"Reflections"

The Stream

I am the stream of Love
I flow towards the Divine
to all, in all, through all

I am the wave of Light
I move towards the Divine
to all, in all, through all

I am the cup of Love
I'm filled with Love Divine
for all, from all, in all

I am the spark of Light
I shine with Light Divine
for all, in all, through all

I am the sea of Love
I'm filled with Love Divine
for all, from all, in all

I am the ocean of Light
I shine with Light Divine
for all, in all, through all

Blessed be the stream
Blessed be the wave

Blessed be the cup
Blessed be the spark

Blessed be the sea
Blessed be the ocean

Now and Before and After
Now and Now and Now

“Willow Lake”

The Shield of Light

I call upon God's True Light
to fill me, protect me, and guide me

Light around me
Light within me
Light without

Light before me
Light behind me
Light inside

Light on my left
Light on my right
Light throughout

Light above me
Light below me
Light in my heart

Thank you God
for the gift of your Light
Let it shine, let it be

Now and Before and After
Now and Now and Now

The Shield of Love

I call upon God's true Love
To fill me, protect me, and guide me

Love around me
Love within me
Love without

Love before me
Love behind me
Love inside

Love on my left
Love on my right
Love throughout

Love above me
Love below me
Love in my heart

Thank you, God
For the gift of your Love
Let it shine, let it be

Now and Before and After
Now and Now and Now

The End

About the Author

Maja Trochimczyk, Ph.D., is a Polish American poet, music historian, photographer, and author of six books on music, most recently *Frédéric Chopin: A Research and Information Guide* (rev. ed., 2015). Trochimczyk's seven books of poetry include *Rose Always, Miriam's Iris, Slicing the Bread*, *The Rainy Bread,* and two anthologies, *Chopin with Cherries* and *Meditations on Divine Names*. A former Poet Laureate of Sunland- Tujunga, she is the founder of Moonrise Press, and Board Secretary of the Polish American Historical Association. Hundreds of her poems, studies, articles and book chapters appeared in English, Polish, and in many translations. She read papers at over 80 international conferences and is a recipient of honors and awards from Polish, Canadian, and American institutions, such as the American Council of Learned Societies, the Polish Ministry of Culture, PAHA, McGill University, and the University of Southern California.

www.trochimczyk.net

www.ingramcontent.com/pod-product-compliance
Lightning Source LLC
LaVergne TN
LVHW052256100826
845147LV00001B/61

* 9 7 8 1 9 4 5 9 3 8 0 3 0 *

CONTENTS

1 How to Shop in Naples & along the Amalfi Coast 3

2 Cameos & Coral Jewelry 21

3 Ceramic Arts: Capodimonte & Maiolica 35

4 Intarsia 51

5 Limoncello & Other Treats 59

6 Nativities 73

7 Paper 87

Resources 93

Index 120

About the Author 126

Also by Laura Morelli 127

I am from Naples so I like the mixture of drama and comedy all together.
—SOPHIA LOREN

Italians have the most wonderful expression—*che dramma napoletano*! ("What a Neapolitan drama!")—and I can think of no other word more perfect than "drama" to sum up this city of pure spectacle. Hands down, Naples is one of my favorite places in Italy. My Italian friends tease me about being nuts about Naples, as southern Italy retains its unfortunate stereotype as the backward cousin of the more sophisticated north. It may be my southern upbringing, my love of the sea, or my appreciation for dark humor and warm-hearted people that make me feel at home in this chaotic city, but I relish its rhythm and its fascinating nooks and crannies. For people like me with a passion for traditional cultures, Naples remains one of Italy's most compelling places. The city and its surrounding region uphold an intensely old-fashioned culture in which family, religion, and Old World trades form the heart of daily life.

Today, international visitors flock to Campania, a region encompassing the city of Naples, the popular island of Capri, the ancient cities of Pompeii and Herculaneum, and the stunning coastline known as the Amalfi Coast or *costierea amalfitana*. If you look beyond the stereotypes that have cast an unfair shadow over this region, you'll discover some of Italy's most interesting cities and towns, brimming with local color and rich history. While Neapolitan museums and ecclesiastical institutions are treasure troves of art history, a more immersive experience lies in the hands of *living* artists practicing centuries-old traditions in workshops and studios across the region.

It's impossible not to want to take a little piece of Naples and its region home with you. In our world of mass production, many of us yearn for unique, culturally authentic, and immersive experiences. I can think of no better way to appreciate Neapolitan culture than by experiencing firsthand the stories, the people, and the beautiful objects behind the timeless traditions of this captivating region. Naples and its coast hold incomparable rewards for those adventurous enough to peel back its rich layers.

1

How to Shop in Naples & along the Amalfi Coast

For a first-time visitor, Naples can prove an overwhelming experience. We all want to come home from Napoli with a special souvenir, but selecting what to bring home can be intimidating. How do you know if you're buying something authentic and high quality, something made in the region, something made in a traditional way? How do you gauge how much you should pay, and how do you know if you've fallen prey to one of the city's notorious scams?

Is the pursuit of authenticity worth all the trouble? You bet. To learn about the authenticity of Neapolitan craft traditions is to immerse yourself in the history of the city and the spirit of the Neapolitans themselves. In fact, I would argue that it's one of the *best* ways to experience Naples from the inside out, ensuring that you'll go home with memories–and hopefully a meaningful souvenir—to treasure for a lifetime.

The craft traditions of Naples are deeply embedded in the city's history, as far back as the ancient world. The ancient Greeks put their mark on the urban fabric, and the Romans left behind an artistic legacy that encompassed works from majestic temples and to minute cameos. Painters to sculptors, luthiers to cobblers, and makers of everything from hats to belts, keys, bracelets, goblets, rugs, lamps, spoons, shoes, and stockings had a role to play in preindustrial Neapolitan society. By the Middle Ages, the neighborhoods of Naples pulsed with the lifeblood of these trades. The royal families who eventually made Naples their capital only served to bolster this thriving culture of artisanal expertise by patronizing makers of fine objects in wood, metal, ceramic, textiles, and other materials.

Historically, artisans were scattered across the city, with concentrations of tradespeople involved in the same or related trades. By the late Middle Ages, for example, goldsmiths clustered in the Antico Borgo degli Orefici, along the streets west of the Corso Umberto. Many other artisans occupied the narrow alleys of the bayside districts now known as the Centro Storico and the Quartieri Spagnoli.

Along the Amalfi Coast, the traditional crafts of lace, embroidery, intarsia, and paper developed over centuries. The coastal road on which cars and tour buses careen today was only built in the mid-1800s, and before that, people in these small villages remained isolated. The small towns clung to the cliff-sides, and travelers reached them via boat or along footpaths that wound through the hills. Therefore, the craft traditions of the Amalfi Coast developed independently or only through knowledge gained by sea travel. Today, the majority of the high-quality makers of traditional wares still cluster in these small villages so picturesque and characteristic that they have been designated a UNESCO World Heritage Site.

The midday meal is sacred in Italy and, in the south, artisans are loathe to break the tradition of closing shop at lunch, even at the expense of forfeiting tourist traffic during the busy seasons. Most stores in Naples open around 10:00am, then close around 1:30pm for the midday meal, an hour or so later than their counterparts in the northern part of the country. The two- or three-hour

NAVIGATING NAPLES & THE AMALFI COAST

I promise that getting around Naples and its region will prove an exciting part of your trip! In the city, find a centrally located hotel and walk whenever possible. If you take a taxi, establish your exact fare with the driver before stepping into the car. On public transportation, be vigilant of your belongings and make sure you have your route memorized before you start.

Naples sits at the epicenter of a beautiful bay, with Mount Vesuvius in the background. Off the coast lie the islands of Capri and Ischia. Further south, the Amalfi Coast stretches out along the Sorrentine peninsula, punctuated by the captivating towns of Positano, Sorrento, Amalfi, and smaller villages. The Amalfi Coast is one of the most stunningly beautiful drives in the world, though many people miss the view thanks to the wild ride. Whether you're on a bus, behind the wheel, or—good luck to you—in the passenger seat of a car, get ready for a white-knuckle journey along narrow roads with hairpin turns and sheer cliff drops to the sea below. If you can tear your eyes away from that giant bus careening straight for you, you'll enjoy a view of one of the most gorgeous coastlines in the world. The author John Steinbeck summed up the experience of a car trip along the Amalfi Coast in an article for *Harper's Bazaar* in 1953:

Flaming like a meteor we hit the coast, a road, high, high above the blue sea, that hooked and corkscrewed on the edge of nothing... We didn't see much of the road. In the back seat my wife and I lay clutched in each other's arms, weeping hysterically.

A more relaxing journey can be had on the Circumvesuviana train (www.vesuviana.it) or one of the high-speed or traditional ferries that leaves from the port of Naples for the islands and points along the Amalfi Coast.

riposo can prove frustrating for some international travelers who are unaccustomed to the midday hiatus and are trying to pack as much as possible into the day. There is not much to do about it other than sitting at a table and ordering a glass of wine and one of the city's famous *pizze*, so enjoy! Most shops reopen around 4:00pm, and remain open until around 7:00pm, when the heat of the day abates and locals enjoy window-shopping.

Keep in mind that many of the individual workshops you will want to visit and buy from may not adhere to this schedule at all. As many artisan studios are sole proprietorships or small family businesses, it is not uncommon to find an establishment inexplicably closed. Sometimes you will find a note on the door indicating what time they expect to return; other times you may find the shop battened down during regular business hours with no indication of their plans to reopen. It's all part of the serendipity of immersing yourself in Italian culture, so keep an open mind.

In the following sections, you will find specific guidance on how to recognize quality and value in the most traditional Neapolitan arts. If you follow these guidelines, when you do find a treasure, you will know it beyond a doubt, and the cheap souvenirs and knockoffs lining the streets will fade into the background. The richness and tradition of authentic Neapolitan arts make sorting through the tourist traps to discover a treasure not only worth the effort, but especially rewarding.

The Spirit of Napoli

Naples' treasures are not the same as those in other Italian cities like Venice, Rome, and Florence. At first glance, many travelers see only crumbling façades, grimy alleyways, piles of neglected garbage, and graffiti. Although the city boasts a number of excellent museums, the truth is that many of its artistic glories are tucked away in monasteries, churches, and palaces so they take a bit more work and careful attention to discover. The effort pays

off when you find something truly extraordinary. Even a slow stroll through the historic district of Naples reveals indescribable beauty, and occasionally wonderful surprises, in its gritty nooks and crannies.

The ancient world has exerted a strong influence on Naples and its surrounding region. As early as the eighth century BCE the Greeks began to settle along the coasts of southern Italy. In this territory known as Magna Graecia, Naples, or Neapolis, held pride of place because of its situation on the beautiful and naturally protected Bay of Naples. The Romans expanded the city and built luxurious country estates on its outskirts. Today, the allure of the ancient world is still palpable, as artisans carve cameos like their ancient predecessors, ancient art fills the museums, and the incredible archeological sites of Pompeii and Herculaneum lie just beyond the city.

Over the centuries, the Church also exerted a powerful influence on the visual culture of Naples and Campania. In this profoundly Catholic region, the Church's presence can still be felt in countless street shrines, clergy walking the narrow alleys, and spic-and-span cemeteries festooned with fresh flowers and polished marble headstones. Artisan shops overflow with papier-mâché nativity scenes, multicolored rosaries in gold and silver, and wooden and plastic statues depicting the Madonna and saints both popular and obscure.

The Baroque period of the seventeenth and eighteenth centuries, however, made the most lasting and observable imprint on the city's artisanal traditions. During that era, its art and architecture enjoyed a period of extraordinary flourishing as Naples emerged as a leading royal city and center for the arts. For centuries already, Naples had stood at the epicenter of a convoluted European royal chess game. French and Spanish dynasties actively vied for the privilege of ruling the Kingdom of Naples, which comprised most of the southern Italian peninsula. Naples had been the capital of this strategically important territory since the thirteenth century, when the French King Charles of Anjou ceded Sicily to his Spanish rival, Peter III of Aragon, and established his seat in Naples. Over the course of the next four centuries, the kingdoms of Naples and Sicily flipped back and forth between French and Spanish monarchs, whose sovereignty was either won in battle or sealed by marriage. The Bourbon dynasty took control of the kingdoms of Naples and Sicily in 1734 under Charles, who traced his descent through the French Bourbon line, yet at the same time was the son of the Spanish king.

Under King Charles and his son, Ferdinand IV, the arts of Naples enjoyed an extraordinary Golden Age. The Bourbon kings' contribution was to encourage and promote the local traditions of working with stone, coral, wood, shell, precious metals, and other materials with a distinctively Neapolitan accent. Focusing on local master artisans and traditions, the royal court brought to new heights those traditions that still endure today: Capodimonte porcelain, the carving of coral and cameos, and inlaid wood

ROYAL MANUFACTURES

Many of the region's most significant artistic traditions owe their prominence to royal patronage. Marriage and political alliances closely linked the royal families of Spain, Italy, and Austria during the Baroque era. The Neapolitan kings were keen to bolster their legitimacy and prestige among this elite group. Their contemporaries founded royal factories churning out porcelain at Sèvres and Meissen, tapestries at Gobelins, and ceramics in Madrid and elsewhere. Not to be outdone, the Neapolitan kings quickly set up shop:

- Porcelain: A royal porcelain factory, the Real Fabbrica della Porcellana, began producing what would come to be famous as Capodimonte, in the 1740s.
- Maiolica ceramics: The Real Fabbrica di Maioliche was founded in 1754 in Caserta, established inside a royal residence that had been modeled on the French King Louis XIV's Versailles.
- Arms and silver: The royal family set up the Real Fabbrica delle Armi in the 1750s.
- Silk: King Ferdinand IV founded two silk manufactures, the Manifatture di Torre Annunziata in 1775 and Manifatture di San Leucio in Caserta in 1789.
- Tapestry and inlaid stone: These two traditional crafts were carried out in La Real Fabbrica di Arazzi e Pietre Dure founded in 1737 and the Real Laboratorio delle Pietre Dure di Napoli at San Carlo alle Mortelle, where the Neapolitan court attracted inlaid stone masters from Florence.

and stone. Along with the visual arts, royal patronage helped Neapolitan music and theater make an indelible mark on the history of performing arts.

Lured by the reputation of Naples as a sophisticated royal city of art, international travelers flocked there. In the eighteenth century wealthy English travelers on the Grand Tour made Naples an obligatory stop, then continued on to the newly discovered archeological sites at nearby Pompeii and Herculaneum, incredible finds that had made headlines across the globe.

The Neapolitan version of the Baroque style developed a distinct character that seemed to sum up the city itself—dramatic, ornate, complex, sometimes lurid, and often macabre. In the city's Baroque artistic campaigns, paintings, sculpture, and architecture were always conceived as multimedia programs. A painting never would have been commissioned to hang on a stark wall and viewed as a singled-out work in the way most paintings are viewed in museums today. It would have been part of a larger multimedia ensemble. A commission for a bedchamber, for example, might encompass masters of not only architecture, painting, and sculpture, but also woodworking, gilding, metalworking, and other trades. Neapolitan artists worked collaboratively on often incredibly complex decorative programs.

After the Napoleonic conflicts ended the era of royal patronage in Naples and the modern period commenced, the distinctive Neapolitan spirit continued to pervade the city's artistic traditions. Today in Naples, many of the trades of the past remain living traditions. The medieval guilds and royal factories may be long gone, but their arts, their techniques, and their souls still thrive in Naples. The skills, the forms, the knowledge, and more importantly, the spirit of the past, are kept alive in the hands of a small number of individuals who take pride in their city's unique visual essence. Today, Naples retains the architectural and urban grandeur of a royal city, the beauty of its once grandiose patronage, and an enduring patrimony of artisanal production.

What to Ask Before You Buy

In Naples, it's not easy to choose an authentic souvenir. This is true now more than ever before, as increasing numbers of low-quality goods and knockoffs flood into Naples, imported from overseas and passed off as authentic. Recently art organizations have worked to develop trademarks and new alliances to help protect their artistic heritage and to guard against fakes and cheap imitations. Legal regulations have also tightened. However, there is no substitute for a knowledgeable buyer. If you know what you are buying, you can put your money where it counts: into the pockets of local makers and not into those of importers looking to make a quick profit without any connection to the region at all.

Over years of searching for individuals following authentic, centuries-old artistic traditions, I have developed five questions to help guide you through the minefield of shopping in an unfamiliar environment. If you can come up with a good answer to each of the following questions before you purchase your souvenir, chances are you will have picked a winner.

1. Is it traditional and locally made?

Before you travel to Naples and the Amalfi Coast, read up on its handcrafted traditions. If you're reading this book then you're already well on your way! What sparks your interest? Cameo jewelry? Handmade paper? Go online or to the library and read up before you go. Even a cursory education will help you avoid impulsive and reckless purchases that you may regret later.

As soon as you arrive in Naples, start with the museums and church collections that display authentic traditions such as porcelain, nativities, and other handcrafted works with a long history. Naples boasts a large number of wonderful and little-visited collections of authentic arts, many of which are tucked away in monasteries and other ecclesiastical institutions. I am not suggesting that you should go home with a museum-quality work or an antique. The point of starting with these specialized collections is to train your eye. After spending even a short time in these collections, you will begin to absorb traditionally Neapolitan colors, patterns, styles, and forms. Most of all, you'll

---

ART AND THE SEA

Beyond Naples, the traditional arts of the coastline reflect the region's historical dependence on the sea. Coral jewelry and cameos, made from shells, represent a major industry just outside Naples. Along the Amalfi Coast, fishermen who eke out a living from the waters off this stunning coastline still make and repair their own nets, just as their ancestors have done for centuries. A unique seaside microclimate allows special lemon crops to end up bottled as the region's world-class liqueur known as limoncello.

be better equipped to spot high-quality, traditionally made wares when you begin to hunt for a souvenir. You can find a list of great collections of Neapolitan arts in the Resources section in the back of this book.

In Naples, stick to Neapolitan-made objects. In other words, it's not a good idea to buy Italian goods made elsewhere, such as Tuscan leather bags or Murano glass, because those items are neither traditional to Italy's southern coast nor locally made. They may or may not have been made in Italy, and purchased out of context you will never know for sure.

There are two good reasons for buying Neapolitan works in Naples. The first is that you are more likely to get better value by buying from the source. The second—even more valuable in my opinion—is that you are more likely to make a connection with the person who made it, and that will become part of an immersive travel experience that you will carry with you forever.

2. Who made it?

Buy directly from the maker whenever possible. It's your best guarantee that you will go home with a high-quality, handmade item at the best possible price. The added bonus of getting to know the maker of a handmade nativity figure, for example—and perhaps even watch it being made—is invaluable.

Where can you find these makers? In Naples, it's easier than you may think to find them if you know where to look. Throughout this book, you will find recommendations for specific neighborhoods and streets where you will find working artists clustered together—along the via San Gregorio Armeno and scattered on the streets of the San Biagio dei Librai neighborhood, for example. Makers of authentic cameo and coral works lie outside the city in Torre del Greco. Once you decide what you want to buy, refer to the following chapters and the Resources section in the back of the book for specific recommendations.

3. Who is selling it?

It's always best to buy a souvenir directly from its maker, but if for some reason that is not possible or practical, here are a few other options. One choice is to buy at one of the annual events and festivals that takes place in the city. Check the Resources section for specific events where you can find artists who may not maintain a studio open to the public but meet buyers face-to-face at these events instead. Another option is to buy from one of the city's museum stores. Museums typically maintain a high quality standard when it comes to items sold in their shops and focus on local tradition. However, these options rank far behind the opportunity to observe and interact with local artists. Naples is a year-round extravaganza of richness and culture. Why not avail yourself of the opportunity?

When it comes to buying direct, get as specific as possible. In other words, instead of buying a pair of shoes that catches your eye in a boutique window, think about heading to a sandal-making workshop and buying directly from the person who made them. You've already come this far; go see how it's made and meet some artisans face-to-face!

4. How much should I pay?

How much to pay depends on many individual factors. Cameos and coral jewelry tend to command some of the highest prices of all the Neapolitan traditions. Some higher-quality nativity and pastoral figures—the famous *presepi* and *pastori* of Naples—can also prove pricey because of the repute of the maker, and because elaborate nativity scenes can quickly add up if you get hooked on collecting individual pieces. On the other end of the spectrum, some of the greatest values can be found in the category of consumable souvenirs, including limoncello and some of Naples' renowned pastries like *sfogliatelle*. The following chapters will help you know what to look for and how much you should expect to pay.

When buying handmade, traditional wares, price and quality do not always correlate. In other words, a high price does not necessarily mean high quality, and a low price does not necessarily mean that the item is less valuable. Value depends on what you buy and from whom. The high-traffic tourist streets command high prices for everything, no matter the quality. Pay attention to your surroundings; if most of the shops on the street cater to international tourists, your risk of overpaying for a lower-quality item is high. Instead, head to the quieter, less frequented quarters of town known for their authentic makers.

Remember: a truly authentic souvenir does not have to be expensive, but it may end up being the most *valuable* thing you bring home from your trip to Naples and the Amalfi Coast.

GREAT AUTHENTIC SHOPPING IN NAPLES

The Centro Storico (Historic Center) and the old Quartieri Spagnoli (Spanish Quarter) neighborhoods contain a high concentration of artisans: furniture and antiques restorers and dealers, upholsterers, basket makers, tailors, and other purveyors of Old-World trades. If you want to get an intense flavor for the authentic arts of Naples, explore these streets:

- *Antiques and restorers:* via Martucci and via Santa Maria di Constantinopoli
- *Baskets and wicker:* via Vicolo del Fico
- *Copper and wrought iron:* rua Catalana, via Basile, vico Graziella
- *Jewelry and gifts:* via San Biagio dei Librai
- *Nativity and religious figures:* via San Gregorio Armeno, via San Biagio dei Librai

Now, where should you *not* buy? As a general rule, avoid the tourist-oriented retailers that lie along the port of Naples where the cruise ships dock. Likewise, on the Amalfi Coast, avoid buying from street stalls or trinket shops that are clustered around major sites that draw tourists, line the major pedestrian thoroughfares, and surround the cruise ship ports. In these areas you are nearly guaranteed to overpay for a lower-quality item that may or may not have been made in town.

5. How will I get it home?

This question is important to ask before separating yourself from your money. There are two aspects of transporting your souvenir that you need to consider.

The first thing to decide is whether you will carry the item with you or ship it home. More portable souvenirs like leather sandals or a coral necklace are ideal for carrying or wearing on the plane. You may be tempted to transport fragile items like ceramics in your carryon luggage, but remember that if something breaks, you will not have much recourse to replace it once you've boarded the plane.

Bulky or fragile items, or souvenirs such as knives or letter openers that may not pass airport security, may be shipped. I do not recommend using the Italian (or any country's) postal system, for the simple reason that—even if you've insured it—you will not be able to go to the post office and file a claim if your package never arrives. Stick with one of the major international carriers such as FedEx or UPS so you can insure and track your package, as well as follow up if a problem occurs. Check your carrier's web site ahead of time to get an idea of shipping rates and times. Some merchants are set up to take care of shipping for you. Some even have special packing materials and containers that are ideally suited to protect fragile items. Don't forget to exchange email addresses with the merchant and don't leave the shop without your tracking number.

SHOULD I BE SCARED?

Nearly anyone who's ever visited Bella Napoli has a story, and some stories, unfortunately, contribute to the city's Hollywood reputation as a place populated by mobsters and other shady characters. The city's problems with garbage removal and the local mafia (known as the Camorra) are examples of some of the systemic economic and political difficulties that remain challenging for the city to overcome.

I have visited Naples as a solo female traveler on several occasions and have never had a problem. Still, pickpockets are ever on the watch for people who look out of place, so it's always a good idea to keep your money on your body, stay aware, and—particularly if you are a woman traveling alone—duck into a crowded street, a store, or hotel lobby if you feel you've attracted unwanted attention. Above all, don't let those stereotypes dampen your enjoyment of this wonderful city, which embodies all the sophistication, originality, and unbridled exuberance of Italian culture.

The second thing to consider is clearing Customs when you arrive home. The Customs services of most countries post specific regulations on their web sites to guide you through importing goods purchased overseas. Most Americans who travel abroad are familiar with the U.S. restrictions on certain food items like fresh cheeses, wine, and chocolate, but did you know that there are additional regulations related to art objects and items that might be considered "cultural artifacts"? It's a good idea to check your country's Customs web site for a list of items that may be restricted or tariffed before you make a purchase in Naples or anywhere else overseas.

Ready to Buy?

When you are finally prepared to hand over your cash or credit card, go through this checklist:

- ✓ **Is the item traditional to the area and made locally?**
- ✓ **Do I know who made it?**
- ✓ **Am I buying directly from the maker or from a reputable source?**
- ✓ **Am I getting good value for my purchase (not only in monetary terms but also in terms of an immersive travel experience)?**
- ✓ **Is the item portable or worth so much that I am willing to incur the cost and risk of shipping it home?**

If you can answer "yes" to these five questions, then you probably picked an authentic Neapolitan souvenir you will treasure for a lifetime. *Complimenti*!

2

Cameos & Coral Jewelry

Italians have pulled coral and seashells from the Mediterranean and the Adriatic since ancient times, using the bounty of the sea to make some of Italy's most beautiful adornments. The region is famous for cameos and the distinctive red coral that Italian jewelers often pair with gold, pearls, and other precious materials. While environmental concerns over delicate coral and reef reserves have inspired important initiatives to protect them, the making of jewelry and other objects of cameo and coral remains a vibrant industry in the Naples region.

The history of cameos and coral ornaments stretches back to antiquity, when relief and engraved carvings on precious and semiprecious stones, shells, corals, and glass were widely admired. The ancient Egyptians had centuries of experience as masters of glyptic art, or the art of carving gems. They made amulets, cylinder seals and stamps, signet rings, and innumerable pieces of jewelry. Many of these works were carved with inscriptions, scarabs, royal figures in profile, and other imagery, using materials as diverse as ivory, glass, chalcedony, ceramic, steatite, amethyst, alabaster, and shell.

The ancient Greeks continued the tradition of carving gems and shells but the Romans so greatly admired cameos that they brought the art of carving them to a new level. Although some Roman cameos were intended as jewelry, especially rings, others were exceptionally large and probably intended as collectors' items. Many of these cameos were made using a special technique that involved carving through different-colored layers of fused glass.

Thousands of cameos with busts of Roman rulers and beautiful women fill museum collections around the world, made of shells, stones, and even lava rock. The Romans believed that coral exerted a protective effect over children, so they bestowed coral pendants and bracelets on their newborns to ward off sickness and bad luck. The Roman philosopher Pliny, a noted naturalist, wrote that coral could be counted on to protect the wearer from being struck by lightning and could even thwart seducers whose advances may be unwelcome.

The working of coral is related to cameos, as it involves similar materials and techniques. Over many centuries, coral harvesting has been a major enterprise along the Italian coastline. Port cities like Genoa, Livorno, and Naples were well known for coral harvesting, as were the Sicilian towns Trapani and Messina, and those of Sardinia. All of these areas have a tradition of jewelry and other objects crafted of coral and shells. Sicilian coral working was particularly famous in past centuries and Neapolitan collectors held prized works from Trapani, on the west coast of Sicily, in their collections. According to historical sources, some of the most renowned masters of coral were Jews working in Trapani. A small community of these artisans relocated to Naples over the course of the fifteenth and sixteenth centuries.

In Renaissance Italy, the interest in reviving antiquity brought cameos and carved corals back into vogue. At that time, the carving of shells and coral became more common. Inventories, dowry lists, and other historical records from the sixteenth and seventeenth centuries tell the story of the increasing popularity of these prized objects offered as gifts and amassed in the private collections of Neapolitan aristocrats. Mencia de Mendoza, bride of Fernando of Aragon, owned a large collection of cameo and coral jewelry, including a cameo set in gold depicting Julius Caesar in profile. Treasuries belonging to monasteries, convents, and other religious institutions in Naples and its surrounding region counted carved corals and shells among their most prized possessions. These items included *paternostri* and other liturgical objects, as well as adornments for statues that were paraded on feast days.

By 1600, fleets of special coral boats called *coralline* sailed daily from Naples and the port of Torre del Greco to satisfy this increasing demand for carved cameos and corals. The industry grew significant enough that coral fishermen organized themselves into a trade association for their mutual benefit. Their boats

sailed to the major coral reserves off the Neapolitan coast and down the coastline to the warm waters south of Sicily, Sardinia, Corsica, and north of Tunisia and Algeria. They designed special nets tacked to wooden cross-shaped frames and dragged them along the ocean bottom to gather corals and sponges. The boats were also accompanied by a few brave souls who dove in and held their breath long enough to select specimens by hand.

Eventually, European explorers in the New World brought back new species of shells pulled from the West Indes, sparking renewed interest in shell cameos. In 1805, a royal cameo-making enterprise called the Real Fabbrica di Coralli was established at Torre del Greco. King Ferdinand IV granted a license to Paul Barthèlemy Martin, a successful coral broker from Marseille on the coast of France, to run the establishment. Martin had the privilege of operating a ten-year-long coral-working monopoly, with the exclusive right to sell the factory's production within the kingdom and to export it. In exchange, Martin agreed to train local craftspeople to work the coral. From the beginning, the factory turned out jewelry as well as small sculptures and other art objects. This period marked a new era in the economy of Torre del Greco, bringing together the once separate trades of fishing, craftsmanship, and international commerce.

By the 1830s, some 1,800 *coralline* sailed from Neapolitan ports, dredging coral in the service of the Kingdom of Naples. Over the course of the nineteenth century, private coral and cameo businesses set up shop. Cameo production took off around the same time in Torre del Greco.

During that time, English nobles on a Grand Tour of Europe made Naples an obligatory stop, gobbling up corals and ancient cameos by the dozens. English private collectors began to amass impressive holdings of ancient gems. Classical taste and excitement over the discovery of archeological sites like Pompeii and Herculaneum fueled an interest in anything from antiquity, especially small, portable collectors' items such as engraved gemstones and cameos from the Roman period. Collecting and handling gems gave British collectors a privileged sense of intimacy with ancient cultures. The Earl of Chesterfield commented on his countrymen's nearly uncontrollable appetite for these prizes, complaining that Grand Tourists ran through Italy "knick-knackically," with "days lost in poring upon almost imperceptible Intaglios and Cameos." Antiquarian dealers sprung up in Rome, Naples, and other Italian cities to feed the hunger of these avid collectors.

Caroline Bonaparte, the younger sister of Napoleon I, became queen of Naples in 1808 through her marriage to Joachim Murat. Under her influence, neoclassical taste overtook the European aristocracy, fueling the Napoleonic court's interest in cameos and taste for anything that smacked of antiquity, from jewelry to furniture and fashion. Many of the works commissioned by members of Napoleon's inner circle were produced in Torre del Greco.

In the twentieth century, haute jewelers around the world sought out artisans in Torre del Greco to create signature pieces for their fashion lines. Cartier, Boucheron, Bulgari, and van Cleef & Arpels began to incorporate coral into their designs. Valentino even designed a famous sandal made from coral beads wrought in Torre del Greco. Recently, a young man from Torre del Greco named Amedeo Scognamiglio set up shop in New York City and Tokyo, bringing his hometown tradition to the big city and introducing popular, innovative fashion ideas to this ancient craft by incorporating more modern motifs into cameos instead of mythological subjects and portrait busts.

Today, the port town of Torre del Greco, situated halfway between Naples and Pompeii in the ominous shadow of Mount Vesuvius, remains the epicenter of Italian cameo production and coral jewelry making. Its artisans still cater to an international clientele; more than three-quarters of the work produced in Torre del Greco is exported. Over the last century and a half, Torre del Greco's economy and sense of cultural self-identity has been inextricably linked to this traditional art, with several thousand skilled craftspeople and merchants involved in the centuries-old international trade of these coveted souvenirs made from shell and coral. Today, many visitors make the trek to Torre del Greco in search of necklaces, brooches, rings, and other works of these renowned craftspeople.

How Cameos and Coral Jewelry are Made

In the Mediterranean Sea, the most desirable red coral, *Corallum rubrum*, grows between ten and three hundred meters below the surface. It does not make up part of a reef system, but rather grows in clusters along the seabed. When harvested, the shrub-like organism is composed of reddish skeletal branches covered with whitish polyps. As it dries, coral, which is composed mostly of calcium carbonate, retains its bright color and durability. Since the 1950s, scuba divers have been integral to coral harvesting off the coasts of Italy and Spain. In fact, fishing for coral with nets was

IS THAT LEGAL?

Currently, red coral or *Corallum rubrum* is not considered an endangered species in spite of the organisms' slow growth rate and over-harvesting in the Mediterranean. The centuries-old practice of pulling red coral from the sea, however, means that those colonies growing at the shallower depths of the Mediterranean have been largely depleted. Scientists have raised concerns about the future of *Corallum rubrum* because of over-extraction as well as the increasing acidification of the Mediterranean Sea. However, in marine-protected areas off the coast of Corsica, once-depleted colonies of *Corallum rubrum* have reestablished themselves. Scientists, government bodies, and the business community are pursuing models of sustainable fishing for coral populations in the Mediterranean and elsewhere. Still the coral population is much smaller than it was in centuries past.

Within the jewelry industry, the use of coral remains controversial. In 2002, the famous jewelry company Tiffany stopped selling coral because of environmental concerns, many others following suit. For the companies in Torre del Greco, the situation is complex. Many of the town's artisanal family enterprises stretch back generations, and discontinuing the use of coral would be a challenging economic prospect. Coral is also deeply tied to the community's sense of self-identity, so much so that as recently as 2010 the Italian post office issued a "Made in Italy" stamp featuring the coral of Torre del Greco. No matter one's stance on coral, there is no denying that this red organism defines Torre del Greco, historically, culturally, and economically. Today, the industry employs several thousand people and works with environmental groups to maintain sustainable practices as conscious stewards of this historical trade.

banned in 1994, and today, only scuba divers are allowed to gather coral off the Italian coast. While Mediterranean species are still utilized in Italian jewelry production today, increasingly Italians import Pacific red and pink species from Asia, where colonies of *Corallum rubrum* and other specimens are more plentiful.

Jewelers have long valued coral for its beautiful color, its relative softness (which means that it can be elaborately carved), and its lustrous finish when polished. After harvesting, coral is washed and left to dry, then is sorted by color, shape, and size. The coral is cut, smoothed, and polished, then often shaped into round or oval beads, or large cabochons to be used in brooches, necklaces, and rings. Sometimes you see coral branches left in their natural form strung together on necklaces or used as other decoration.

Like coral, the making of many cameos begins with harvesting the bounty of the sea; however, cameos have their own unique properties and therefore constitute a separate set of techniques from coral.

Seashells make an ideal material for cameos because of their beautiful semi-transparent layers of different colors or tones. African shells first arrived in Torre del Greco as ships' ballast. Today, many shells are still imported from Africa and the

---

WHAT EXACTLY IS A CAMEO?

Cameos involve carving in relief, or designing an image to project out of a background of a different shade of color. Conversely, in jewelry, engraving and intaglio refer to carving or cutting an image into a flat surface. However, cameos and intaglios may involve the same materials—seashells, glass, or other materials from sardonyx to carnelian. They may also be made using the same hand tools, abrasives, powdered stones, diamond wheels, and burins.

Caribbean, as certain species have become prized for their coloration. The most common shell species used in cameo production today are *Haliotis sardonica*, valued for its reddish brown coloration; *Cassis madagascariensis*, with a brown inner layer; *Cassis rufa*, which features a pale pink outer layer and a darker, more reddish inner layer; *Cassis cornuta*, a large shell with a whitish outer layer and an orange inner layer; and *Strombus gigas*, or queen conch, with its beautiful pink inner layer. Alternately, precious or semi-precious stones, including agate, onyx, and sardonyx, also make ideal materials for cameos because of their complex layers of coloration. Cameos may also be made of glass, though these are less common today than they were in the ancient world.

To make a cameo from a shell, first, the specimen is selected. Next, the shell must be left to dry for at least a year. In an operation called *scoppatura*, the cameo-maker then sands the whitish external layer with a diamond wheel to reveal the translucent pink, reddish, or brown layers beneath (originally a lathe was used). Next, the cameo-maker sketches the image he or she wants to create with a pencil on the transparent, light layer underneath. Once the outer shape of the cameo is cut, it is glued to a wooden spindle, making it easier for the artist to manipulate the small object and turn it by hand as needed during carving. The cameo-maker then grinds the edges of the piece down to the darkest layer, which serves as a contrasting background for the image that emerges from the top. Details of the figure are then engraved with a burin, a special tool with a sharp metal tip. Once the design is complete, the cameo is polished with oil and pumice, then washed and dried.

Although many works of cameo and coral stand on their own as exquisite art objects, most pieces are incorporated into jewelry. Today, many jewelers in Naples and throughout southern Italy incorporate cameos and coral made in Torre del Greco into their pieces. Cameos and coral are commonly combined with gold. By combining gold with different metals such as copper and silver, jewelers can achieve different colorations to complement the color of the cameo or coral. Rose gold (*oro rosa*) is achieved by combining gold with copper. White gold (*oro bianco*) combines gold with copper, nickel, and zinc. Yellow gold (*oro giallo*) combines gold with copper and silver. Many pieces of coral jewelry are finished with the addition of pearls, turquoise, or other precious materials.

How to Buy Cameos & Coral

Today, coral and cameo jewelry constitute a large industry in and around Naples, employing several thousand people. Many of the larger producers in Torre del Greco cater to the trade only, as a thriving export business sends many of these pieces to Asia, Australia, North America, and elsewhere. Many traditional coral and cameo makers in Torre del Greco remain family affairs, and some trace their craft back generations. Parents pass the tradition to their children and grandchildren, perpetuating the techniques and the spirit of these old works. These families will almost always take the time to educate you about their techniques and history, happy to answer your questions.

When you're ready to buy a piece of coral or cameo jewelry, chances are it will be mounted or combined with gold, so it's a good idea to educate yourself about buying Italian gold as well. Gold is measured in karats, indicating the amount of pure gold that constitutes a piece of jewelry. Twenty-four karats (24k) designates gold in its purest state. However, twenty-four-karat gold is too soft to be used in jewelry making. By mixing pure gold with other alloys such as silver or copper, it can be worked by a jeweler. An eighteen-karat gold ring contains seventy-five percent pure gold; in other words, it contains eighteen parts gold and six parts another metal or metals. This information is important when pricing gold jewelry in Italy, since some jewelers sell gold jewelry based on weight alone, tagging the price of their work to the varying values in the gold market.

In the U.S., ten karats is the lowest legal standard at which a piece of jewelry can be referred to as "gold," though fourteen-karat gold is the most popular. In Italy, however, eighteen karats is the lowest legal standard to carry the label "gold." This higher percentage of gold helps explain why gold jewelry in Italy seems more brilliant, and also softer. This preference for more "pure" gold goes back to antiquity, as the ancient Romans preferred to use a more unadulterated form of brilliant gold as a raw material for jewelry.

How to Recognize Fakes

Authentic red coral of the species *Corallum rubrum* is precious, in short supply, and therefore expensive. Unsurprisingly, fakes abound. Some jewelry and objects passed off as coral are actually made of wood, plastic, or other species of coral that are considered less desirable because of their porosity, size, form, or coloration. Bamboo coral, for example, is a beige-colored and more plentiful species that is sometimes dyed red to resemble *Corallum rubrum*. In fact, any of these materials may be dyed a shade of red to mimic the species of red coral that is highly prized. Cameos may be faked using plastic and other synthetic materials. Most of the "coral" pieces for sale in cheap souvenir shops around Naples are made of these imitation materials. Authentic coral sometimes contains

---

HOW MUCH TO PAY

The price range for coral and cameo jewelry is vast, but may vary according to three main factors:

- The weight of the gold mount, priced according to the fluctuating market values of precious metals.
- The techniques used to execute the piece. Expect to pay more for custom and intricate designs.
- The repute of the maker, especially if you buy from one of the more famous names in Torre del Greco.

white flecks or small imperfections on the surface, though price is typically a better gauge. If the price seems too good to be true, chances are it's not authentic *Corallum rubrum*. If you want to make sure you're purchasing authentic red coral, buy directly from one of the makers in Torre del Greco. Alternately, if you wish to find a more sustainable solution, seek out an antique work from a reputable antiques dealer in Naples or the region.

One more thing to know: even if you do buy a work made of authentic red coral, there's no guarantee that it was pulled from the Italian coast, as increasingly, many of the raw materials worked in Torre del Greco are imported from overseas.

In addition to those in Torre del Greco, there are a few artisanal jewelers in the Chiaia section of Naples and an historic gold jewelry district in the city's Centro Storico. This Antico Borgo degli Orefici, literally the "old jeweler's neighborhood," is a bustling marketplace with more than a hundred jewelry shops clustered in one square kilometer along the streets west of the Corso Umberto. At first glance you might think this spot is a treasure trove, and some artisan jewelers in this neighborhood do make beautiful pieces on site. However, unless you are very savvy about buying gold and both your Italian and your negotiation skills are top-notch, as an international tourist you are not likely to score a bargain here.

Finally, many souvenir shops along the Amalfi and Neapolitan coasts sell junk to tourists who arrive escorted on tour buses or from cruise ships. Many of these tourist traps abound near the port of Naples and along the waterfronts of towns on the Amalfi Coast. Stick to the more well-known, reputable, and historic makers, and you'll come home with a beautiful, high-quality souvenir you'll treasure and proudly wear.

3

Ceramic Arts: Capodimonte & Maiolica

Southern Italy boasts a surprisingly diverse range of ceramic styles—everything from the milky-white porcelain of Naples to the serious and somber tones of Castelli and Squillace to the bold shapes and fun colors of Vietri sul Mare and Grottaglie. A few of the major ceramic traditions of southern Italy trace their roots to the time of the ancient Greeks, but the Etruscans, Romans, and medieval inhabitants also left their marks. Naples and the Amalfi Coast encapsulate the two extremes of this diverse landscape of southern Italian ceramic styles. On the one hand, the Amalfi Coast is well known for its tradition of colorful, whimsical maiolica ceramics. Naples, on the other hand, has made its mark on the history of porcelain with its delicate white and pastel-hued pieces turned out in the royal porcelain works at Capodimonte. Today, these two traditions remain vibrant and offer an unparalleled opportunity to experience the centuries-old tradition of pulling Italian clay from the earth and transforming it into something truly special.

Maiolica

When most people think of Italian ceramics, they think of maiolica: the rich, colorful tin-glazed earthenware that flourished in the fourteenth, fifteenth, and sixteenth centuries in ceramics towns across the Italian peninsula. These colorful pieces trace their history to the Middle Ages. Merchants began unloading large numbers of Spanish ceramic wares from their ships in Italian port cities starting around 1360. Italians immediately appreciated the aesthetic qualities of these Spanish imports with their shiny white backgrounds and bright colors. In fact, they were willing to pay more for these reflective wares than they were for the plainer utilitarian ceramic vessels made locally. The demand for lustrous Spanish wares sparked a competition and Italians began to innovate in creating maiolica themselves. They experimented with new ceramic techniques to impart a shiny white surface and used cobalt oxide to create a bright, saturated blue resembling the highly prized precious stone, lapis lazuli. The tradition of Italian maiolica was born.

While the merchants and artisan families of central Italy had already built a major international industry around the ceramics trade by the late Middle Ages, in southern Italy, maiolica remained a more local endeavor. Beyond Naples, the villages of Ariana Irpino, Cava dei Tirreni, Cerreto Sannita, San Lorenzello, and several other regional towns developed distinctive local maiolica traditions.

Vietri sul Mare or "Vietri on the Sea," a village perched on what must be one of the world's most beautiful cliffsides, emerged as the capital of the Amalfi Coast's maiolica tradition. Ceramics makers were active in Vietri sul Mare at least by the fourteenth and fifteenth centuries, when they are first mentioned in historical documents. Until then, production was probably limited to simple utilitarian pottery for domestic use. By the 1600s, however, glazed and decorated works of maiolica were more commonly

made in Vietri. Ceramics families decorated the street corners of their town with brightly painted religious tabernacles in ceramic, and some of these, dating from the 1600s and 1700s, are still visible. By the beginning of the 1700s, there were some fifty kilns documented in Vietri sul Mare.

In the nineteenth century, Vietri sul Mare's ceramicists became known for making large decorative wall and floor tiles. The Taiani, Punzi, and Sperandeo families operated large-scale tile works to manufacture these beautiful decorative ensembles. Since then, Vietri has earned a reputation as a producer of floor and wall tiles, but these are more than simple terracotta squares. Much of the exterior and interior decoration of the town's buildings includes wall tiles adorned with scenes of the rocky coast. Vietri artisans paint scenes that continue from one tile to the next, as if the wall were a gigantic canvas. The Amalfi Coast is replete with breathtaking tile ensembles in architectural settings.

The current ceramic styles of Vietri owe their spirit to the period between the two world wars (1920-1947), when a small community of German artists relocated to Vietri, lured during this tumultuous time by the low cost of living and the high quality of life that the Amalfi Coast offered. The German artists brought with them several new ideas in ceramic art, which melded with the local tradition. A distinctive yellow hue associated with Vietri was developed during this so-called *periodo tedesco* (German period). The decoration of ceramic vessels began to lean toward folksy themes, as the German artists were fascinated with scenes of daily life along the Amalfi Coast. In turn, the newcomers inspired a generation of local *vietresi* ceramicists to take their centuries-old tradition into new directions.

Today in Vietri sul Mare, storefronts, houses, street numbers, church domes, and pavements throughout the town are made of brightly colored ceramic. Nothing could be further from the serious tone of central Italian maiolica centers in Tuscany and Umbria than the whimsical, bright ceramics of Vietri sul Mare. Instead of using the restrained classical motifs of the Renaissance as their point of reference, Vietri's artisans look around them for inspiration, expressing in their work a passion for sea scenes and local color—people in costumes, mothers and children, fanciful boats, fish, and other maritime themes. Today, there are some three dozen ceramics producers in Vietri, most of which are family workshops alongside a handful of large-scale ceramic enterprises.

How Maiolica is Made

Making maiolica involves layering colored pigments on top of a white glaze achieved by dipping vessels into a bath of watery tin oxide. When fired in a kiln, this technique imparts bright, shiny colors that pop from a creamy, opaque background. It's this bold contrast of color against the white, along with characteristic decorative motifs, that first propelled this type of ceramic ware to fame and keeps it popular even by today's standards of taste.

Historically, Italian ceramics workshops operated according to a rigorous hierarchy with specific jobs for masters, journeymen, and apprentices. Younger assistants were tasked with preparing

materials, including the clay, oxides, and pigments, as well as with cleanup. More experienced or specialized apprentices focused on throwing pots on the wheel. Others with painterly talents were tasked exclusively with the decoration of vessels. On days when the kiln was fired, workers suspended their regular work to tend it. In this way, they collaborated to ensure a successful firing of the many pieces—perhaps representing weeks of the workshop's production—stacked inside the room-sized oven.

Ceramicists began the process of making vessels by drawing the soft clay from nearby fluvial deposits. The clay was often stored in a trough behind the ceramics workshop, and kept wet and pliable by one of the workshop assistants. After kneading or wedging the clay to rid it of air pockets that might burst during firing, the piece was thrown on a foot-powered potter's wheel or formed by hand. Pieces removed from the potter's wheel or work surface were left to dry. Next, the pieces were stacked into the kiln for a first firing.

Firing and operating the kilns were the most arduous parts of the maiolica-making process. Because of the tremendous resources they required to ignite and manage, the kilns were stacked tightly with works and were fired as little as necessary to get the job done. Works emerged from the kiln with a hard surface and a characteristic terracotta color.

Next, shop assistants dipped each piece into a bath of white, shiny, opaque glaze made from tin oxide to coat the raw terracotta form. Once dry, this tin glaze provided a white background that would form a blank canvas for colored decoration. Glazes made from tin were used in Italy as early as the eleventh century, but became more common as maiolica gained traction in the late 1300s.

After the glaze dried, painters laid colored pigments on the white ground to form designs and scenes. They obtained pigments from copper, manganese, iron, antimony, and cobalt. The art of decorating a vessel with these pigments required patience, experience, and, above all, a sure hand. There was no going back to correct mistakes, as the pigments immediately bonded with the glaze and were impossible to remove once applied. A second firing in the kiln fused the colors and glaze to the vessel.

Today, ceramicists along the Amalfi Coast source their clay from art supply businesses and use electric kilns to fire their work. In spite of these modern conveniences, the rest of the process of producing maiolica remains more or less the same as it was in centuries past. You can still watch these masters of maiolica preparing vessels and painting them while drawing inspiration from their forebears and historic examples.

Shopping in Vietri sul Mare

The ceramics of Vietri sul Mare contribute to the allure of the town and blend seamlessly into its beautiful seascape. The dome of its church and many buildings and squares in town are covered with the bright local tile. Street-side tabernacles dating from the

1600s and 1700s make a colorful splash at the turn of a corner. In turn, the ceramics of Vietri sul Mare take inspiration from the town itself. Look for sea blue, deep green, orange, and citrus-yellow in these playful decorative schemes.

Today, Vietri sul Mare boasts a small yet thriving community of traditional ceramicists. It's easy to meet face-to-face with maiolica makers, as many of the studios are open and welcoming to visitors. Take advantage of it and you'll come away with a better understanding of the technical process, as well as a more immersive travel experience. Buying directly also means getting a much better value. Once you've made the trip to Vietri, it's hard to go wrong as long as you buy directly from the maker, so try to avoid buying from one of the many retail shops and seek out the artisan studios instead.

A word of caution: The quality of Vietri ceramics is all in the finishing touches. It's the execution of the painted decoration that distinguishes higher-quality work from lesser-quality wares.

THE VIETRI TRADEMARK

Authentic ceramics from Vietri sul Mare are protected by an Italian national law established in 1990 designed to safeguard the country's cultural heritage. The law stipulates specific materials, colors, styles, and workshop practices that must be followed. Italy's National Ceramic Council or Consiglio Nazionale Ceramico has established a trademark to help identify authentic ceramics made in Vietri sul Mare. Check the bottom of the piece. It should read Ceramica Artistica e Tradizionale (or its acronym, CAT), as well as "Vietri" or "Vietri sul Mare." Each piece should also include the name or trademark of the workshop; sometimes it may include an artist's signature.

HOW MUCH TO PAY

Much of Vietri's production is destined for export to exclusive retailers around the globe, including Neiman Marcus, Bloomingdales, and many specialty shops in America. If you buy directly from the maker, however, you can be assured of paying the lowest possible price, often a significant discount off the retail price overseas.

Some workshops, especially those with larger production, tend to rely on stencils to form the most common decorative motifs used in their work—flowers, leaves, and other patterns that are frequently repeated. In a set of tableware, for example, you might see slight variations in the pattern that indicate a more freehand approach. A freehand drawing that is done with extra time, care, and great skill is often more nuanced and will result in a more beautiful and richly decorated piece. Some pieces are finished with a combination of freehand and stenciled painting. Take the time to look carefully and compare the quality of the painting before you buy.

Capodimonte Porcelain

Capodimonte is a distinctive style of porcelain that stands apart from all the other ceramic traditions of southern Italy. This delicate, ornate porcelain historically produced outside of Naples is immediately recognizable for its tiny pastel flowers, sprays of buds, baskets, and elegant figurines. Today, Capodimonte is a popular collectible throughout Italy as well as abroad.

Throughout the Middle Ages, European traders and explorers brought small works of porcelain home from their travels in

Asia. However, the history of European porcelain begins in the seventeenth century, when Portuguese and Dutch traders began to import porcelain from Asia in larger numbers. These hard, durable, yet delicate and translucent white vessels appeared novel to Europeans and the wares found a hungry audience among European nobles. Asian porcelain soon came into vogue, and, in Italy, the more traditional, brightly colored maiolica began to be viewed as old-fashioned.

Soon, Europeans sought to imitate Asian hard-paste porcelain and produce it themselves on a large scale. Wealthy classes of Europeans snapped up early Dutch imitations of Chinese export porcelain made in Delft. Augustus II, prince elector of Saxony and king of Poland, had his royal artists attempt to copy the imported Asian wares, and soon other European heads of state were doing it. By the eighteenth century, porcelain tableware and figurines were all the rage among royals and nobles and these tiny collectibles remained inaccessible to the lower classes. In European capitals, the upper classes coveted little figurines of peasants, delicate flowers, and other tiny porcelain wares. Among the royal courts and aristocracy, a brisk competition ensued for the most beautiful and sought-after porcelain works. This competitive spirit resulted in some of the world's most enduring porcelain traditions, including Sèvres, Meissen, Wedgwood, Villeroy & Boch, Limoges, Spode, and others.

The Neapolitan origins of this fancy porcelain lie in the Bourbon royal court of Charles III, who ruled Naples in the 1700s. Charles' queen, Maria Amalia Valpurga, was the granddaughter of Augustus the Strong, the founder of the Meissen factory and one of the earliest champions of European porcelain. As part of her dowry, Queen Maria Amalia brought to her marriage no fewer than seventeen complete table services made of Meissen porcelain. The royal couple was also interested in the porcelain being produced at Doccia, just outside Florence.

In 1743, the king converted his hunting lodge, situated on a hill called Capodimonte outside of Naples, into a porcelain manufactory as part of the Real Fabbrica. His goal was to

produce porcelain that would vie with other famous European royal porcelain manufactures, especially Meissen. He hired Livio and Gaetano Schepers as arcanists, or those with special knowledge of the raw materials that make up porcelain. The Schepers brothers' job was to concoct a secret recipe that would account for a distinctive look and feel of the porcelain that would come to be recognized as Capodimonte. The king and queen, according to historians, were intensely interested in the Schepers brothers' experiments and dropped into their workshop on a regular basis. The king commissioned Giuseppe Gricci, a Florentine sculptor who had worked for the royal court in Naples and Madrid, as the chief modeler of the factory. He also employed a renowned painter named Giovanni Caselli.

The Schepers brothers' challenge in concocting Neapolitan porcelain was that kaolin, a type of clay considered essential to porcelain, was in short supply in Italy. They experimented with various combinations of clay pulled from sources across southern Italy until they came up with a combination that worked. The porcelain recipe that the Schepers brothers eventually developed resulted in a warm white tone, bringing a distinctive milky appearance to the works that emerged from the Capodimonte factory. The works were decorated with glazes known for their bright palette of red, yellow, orange, and green, and coated with a lustrous finish.

The factory began producing full sets of tableware, vases and other vessels, as well as small decorative objects and figurines in a Baroque style typical of the mid-eighteenth century. In that early period of Capodimonte, snuffboxes were among the factory's most popular items. Figures of theater characters such as Pulcinella, as well as Neapolitan peasants engaged in dancing, daily chores, and other pastoral activities, were also popular. Flowers became one of the most enduring subjects of Capodimonte porcelain because, according to legend, King Charles was allergic to flowers; porcelain versions were the only ones he could enjoy.

King Charles III moved porcelain production to the Buen Retiro factory in Madrid when he left Naples in 1759 upon his succession to the Spanish throne. With him, he took Gaetano Schepers, Gricci, a team of factory personnel, porcelain molds, and other materials. However, Charles' son, Ferdinand IV, reopened Capodimonte when he came of age in the 1770s, rebuilding a new factory at Portici from the ground up, then moving it to the royal palace. For the next thirty years, Ferdinand's artists continued to imitate the royal porcelain style, but the production became more mass produced, adapting to the taste of modern collectors. This second royal Capodimonte manufactory remained active until the French took Naples in 1806.

The large porcelain manufacture known as Doccia or Ginori, on the western outskirts of Florence, acquired what was left of Capodimonte production in the nineteenth century. In 1896, the Milanese firm Società Ceramica Richard incorporated the Doccia porcelain works and the company became known as Richard-Ginori. The company continued to produce Capodimonte and use the royal Neapolitan trademark until recent times. Richard-Ginori declared bankruptcy in January 2013 and was purchased by Gucci. It will be interesting to see what the luxury powerhouse does with this old porcelain works. For now, Capodimonte remains a popular style associated with Naples, and a handful of individual Capodimonte producers still cluster on the outskirts of the city, namely in Casoria and Calvizzano. These artisan families focus on the export and wholesale markets, but you can still purchase their work directly from them or from retail shops in Naples and abroad.

How Capodimonte is Made

From the start, Capodimonte was special, as it departed from the traditional recipe used in other porcelain centers: a combination of kaolin (a type of white clay), felspath, and quartz. Kaolin

deposits were discovered in Limoges and other European porcelain centers, but the coveted, fine, soft clay was scarce in southern Europe. Instead, at Capodimonte the Schepers brothers experimented by combining different varieties of soft clay pulled from deposits around the kingdom, until they finally settled on a "soft paste" recipe that would absorb the painted pigments and impart a lustrous appearance. This unusually delicate, reflective quality of the finished pieces brought Capodimonte its distinctive style in the world of porcelain.

As in the other royal porcelain manufactures of Europe, including Sèvres in France and Meissen in Germany, many of the basic forms of Capodimonte wares began with a mold. The Capodimonte Museum holds thousands of these molds, ready for

COLLECTING CAPODIMONTE

Today, Capodimonte porcelain remains popular among collectors, and the value lies partly in the marks on the undersides of each piece. Original items from King Charles' Capodimonte and Buen Retiro porcelain factories were signed with a fleur-de-lis in blue underglaze, occasionally enclosed in a circle. Only museums and private collectors with large budgets own these original pieces. Those made during the time of Charles' son Ferdinand were demarcated with a crown and the letter N above it. These wares also command high prices when they appear in the international marketplace.

To make matters confusing, many pieces produced since the 1920s continue to bear the letter N with the crown stamped in blue on the bottom. The mark alone does not indicate a connection with the royal factory. In fact, the value of these more modern pieces lies in the quality of the work rather than in the mark. Other pieces may be marked with a sticker.

Quality and value can vary tremendously in Capodimonte wares. Authentic, antique pieces originating from one of the royal manufactories commonly sell for several thousand Euro at auction, while lower-quality, mass-produced works in the style of historic Capodimonte are worth very little. The good news is that you can still find high-quality, finely made pieces that fall in the middle of this range.

making scads of figurines, bouquets, small vases, and other ornamental works. It would be incorrect, however, to consider these works churned out or mass-produced. Many of the individual details, including flower buds, leaves, and individual figures, are often modeled by hand and attached to each piece.

Once the molded vessels emerged from the kiln, they were covered with a clear glaze. Then, decoration was applied with clear, bright hues of red, orange, blue, green, and yellow. A second firing gave the finished pieces the lustrous sheen and delicacy that is synonymous with Capodimonte.

4

Intarsia

Intarsia is a form of wood inlay and a specialty of Sorrento, a lovely old town clinging to a cliffside some thirty-nine kilometers southeast of Naples. The intarsia technique involves arranging different woods—including mahogany, elm, chestnut, ebony, rosewood, olive, walnut, and other varieties—into elaborate surface designs. The result is incredibly intricate renderings of cityscapes, architecture, floral and vegetal motifs, human figures, and geometric patterns. Sorrentine intarsia masters turn out breathtakingly beautiful pieces of furniture using this technique, but intarsia is also used to create standalone decorative panels, smaller pieces like boxes and frames, and other works of art.

The technique of inlaid wood was widely used across northern and central Italy by the late Middle Ages. Masters of wood inlay decorated medieval Italian churches with choir screens, stalls, pulpits, and other church furnishings with the intarsia technique. Figural subjects rendered in intarsia appeared at Orvieto cathedral, in Umbria, as early as the 1330s.

During the Renaissance, intarsia enjoyed renewed popularity, thanks in part to the taste of powerful patrons who were fond of the medium and collected choice pieces. One of the most famous intarsia works of this period is Duke Federico da Montefeltro's private study or *studiolo*, a small room originally designed for the ducal palace in Gubbio and now reconstructed at the Metropolitan Museum of Art in New York. The intricate panels were made in Florence by Giuliano and Benedetto da Maiano, and depict images that bear witness to the duke's learning: musical instruments, books, scientific instruments, and other trappings of his status as a learned man. In addition to finely made collectors' works such as this, during this period the Church also continued to commission major pieces of wood inlay for pulpits, choir stalls and screens, and other liturgical works.

Intarsia masters of Sorrento appear in the historical record in the sixteenth century, when they are documented as working on choir stalls in several Neapolitan churches as well as on works for the palaces of the city's noble families. Based on this activity, we can assume that Sorrento was already regarded as a center of intarsia by that time. Sixteenth-century Naples must have been a feast for the eyes, as the display of splendor was the top priority for most ecclesiastical and private patrons. Intarsia works almost always made up part of more elaborate decorative programs that combined tapestries and other sumptuous textiles, intricate metalwork, and works of marble and inlaid precious stones. The related craft of marquetry, or the art of layering different types and colors of wood across the surface of a piece, became one of the most distinctive woodworking techniques in Naples during the Renaissance and Baroque periods.

In the nineteenth century, Sorrento grew as a center for intarsia. In the 1820s, the Bourbon king Francis I called on a Sorrentine cabinet maker named Antonio Damora to restore intarsia furniture in the royal palace in Naples. Damora returned home to Sorrento to train a handful of other young men in the craft. A number of new intarsia masters set up shops in town and, a few of them, like that of the Gargiulo, became longstanding family workshops. In 1840, a Frenchman named Michel (known locally as Michele) Grandville (1821–1893) brought new types of colored wood to Sorrento. With several dozen apprentices, Grandville attracted the attention of the Bourbon royal family in Naples as well as royals outside of Italy. Intarsia furniture became fashionable throughout Europe at this time, following the cue of royal influence. The vogue of intarsia spread to France, and the Napoleonic court commissioned intricate works of furniture and other decorative pieces that paired intarsia with carved coral, cameos, and elaborate metalwork made in the Naples region.

An intarsia school was established in the 1880s in Sorrento, and the craft continued to flourish. Around the turn of the twentieth century, the beautiful Amalfi Coast began to lure increasing numbers of foreign travelers. As Germans, English, Dutch, and Americans began to discover the special beauty of the local intarsia tradition, this outside interest ensured that the craft would endure. In addition to furniture, intarsia masters began turning out decorative panels depicting landscapes and still-life compositions, as well as smaller, more portable objects for the tourist trade.

How Intarsia is Made

The word *intarsia* relates to the Italian verb *intarsiare*, or "to inlay." The best way to visualize the technique is as a mosaic in which small shards of different-colored woods are pieced together within a hollowed-out wooden support. The technique involves gouging out a pattern in a wooden framework and then filling in the pattern with various woods to create a design. In effect, the wooden pieces are the "palette" the intarsia masters use to create their designs. Some of the intricate designs created with marquetry and intarsia—including cityscapes, landscapes, and other scenes—are truly breathtaking, composed sometimes of hundreds of individual slivers of wood.

Every work of intarsia begins with a design, often hand-drawn on paper. A wooden template is then carved using a fine

saw or bow-stick based on the design. The templates are finely and accurately carved down to the smallest detail. Next, the artisan chooses different species of wood based mainly on their coloration, contrast, subtle modeling, or veining. Historically, walnut is one of the most commonly used woods in intarsia, but cherry, oak, and some two dozen or more species might be selected for a single work. Intarsia makers use basic woodworking tools, including a variety of saws, planes, hammers, clamps, chisels, and other small tools to aid in carving the fine, intricate shapes.

Next, the individual pieces may be cut and fitted together, glued traditionally with fish glue. Finally, hardware such as locks, handles, and hinges, as well as any upholstery is added. The piece may be varnished to a high sheen with a clear, oil-based varnish although some pieces are left without stain to reveal the beauty of the wood. Even using the same pattern or design, no two pieces end up exactly alike. It sounds simple enough, but a single tabletop might take several months to complete.

How to Buy Intarsia

Today, the streetside trinket shops of Sorrento overflow with quickly and cheaply turned out wooden souvenirs that bear little resemblance to the masterpieces of intarsia that have brought Sorrentine craftspeople fame over centuries of tradition. Year after year, it seems that the quality of these kitschy souvenirs worsens. Unfortunately, many visitors fly in and out of town, accept these uninspired works as traditional intarsia, and never take the time to understand or appreciate the breathtaking beauty and intricacy of traditional intarsia. Selecting a higher-quality piece takes a bit more work, but if you can buy directly from one of Sorrento's tried-and-true intarsia masters, it's the best guarantee of buying a work of exceptional quality that you will treasure for life.

Some of the most masterful works of intarsia are decorative panels so intricate that, from a distance, they are hard to distinguish from painting. The individual pieces of wood have been so

painstakingly arranged as to resemble brushstrokes. Many of the landscapes produced today portray the coastline with its rocky cliffs and lemon-laden trees along with a jumble of buildings. If you buy something small, make sure you carefully examine the quality. Well-made, small intarsia objects make durable souvenirs

JUDGING QUALITY

The lower-quality works of intarsia produced today tend to be small. Items like jewelry boxes, frames, and other trinkets take less time to produce and are more portable, making them attractive to travelers. Unfortunately many objects churned out for the Sorrentine souvenir market bear little resemblance to the more finely wrought pieces—larger-scale furniture, for example—that adhere to the grand intarsia tradition.

You can find high-quality, small-scale intarsia objects, but use your most discerning eye and compare many objects before you hand over your cash or credit card. Be sure to buy directly from the workshop where the piece was made instead of one of the tourist-oriented resellers, and you'll ensure you make a purchase you'll still be happy about long after you return home.

Avoid the shops selling cheap trinkets around the port, the Piazza Tasso, and along the via San Cesareo, Sorrento's main shopping street. Instead, seek out the intarsia studios along the via degli Aranci and elsewhere in town. Check out the companion book, *Artisans of Naples and the Amalfi Coast*, for specific recommendations.

and gifts that are either easy to transport in your suitcase or relatively simple to ship.

As a general rule, fine intarsia is not cheap, but often represents a good value considering the quality. Sorrento boasts unparalleled opportunities not only to go home with a beautiful work of intarsia but also to make a connection with the person whose labor and passion went into crafting it. The Naples region is full of traditional woodworkers and restorers and offers a wonderful chance to watch them work. Beautiful furniture and wooden embellishments not only play an important role in the region's artisanal history but also remain a vibrant part of the culture today. Even when it incorporates more modern woodworking tools and technology, the simple, understated beauty of Sorrentine intarsia furniture and woodcrafting has stood the test of time.

5

Limoncello & Other Treats

Naples is a food lover's paradise, and Neapolitan food embodies the best of Italian cuisine—simple, fresh, made of high-quality ingredients, and just plain delicious. In addition to its famous pizza, the region is known for a staggering array of pastries and its signature lemony after-dinner drink, limoncello. Many of the region's best culinary traditions share similarities to its artistic traditions: they trace their history back many years, are made according to closely held secrets, and are often handmade in family settings.

Limoncello

The famous tart-sweet liqueur known as limoncello requires only four ingredients: lemon peels, grain alcohol, sugar, and water. However, like many of Italy's most important culinary traditions, the simplicity of the recipe can be deceiving. As in making a good risotto, a fine wheel of Parmigiano-Reggiano, or a simple bottle of traditional balsamic vinegar, the making of good limoncello is based on generations of knowledge, small but critical tweaks in the recipe, and well-kept family secrets passed down over generations.

Limoncello is a popular homemade concoction in Italy and people all over the country make variations of the tart liqueur; I have even seen versions of it made and bottled in Alpine regions. But ask any Italian and they'll tell you that lemons from the Amalfi Coast make the best limoncello in the world. The famous "Sorrento oval," or *ovale di Sorrento*, is a special variety of grapefruit-sized lemon that makes this alcoholic elixir both distinctively sweet and acidic. The lemon variety grown in Amalfi, the *sfusato amalfitano*, is also considered excellent for making this popular after-dinner drink. Across southern Italy, restaurateurs commonly bring limoncello to the table after dinner in chilled glasses made of ceramic or glass, frequently offered at no additional charge.

Roman fresco painters depicted large citrus fruits on the walls of luxurious villas at Pompeii and Herculaneum, and surely lemons must have been cultivated along the southern Italian coast for many centuries even though documentary evidence of lemons along the Amalfi Coast only dates back to the Renaissance. These giant fruits flourished along the hillsides of this volcanic earth, rich with sunshine and salt air.

No one knows exactly when or how locals began to make the special liqueur that would come to be known as limoncello. According to some historians, limoncello was first made behind the walls of convents and monasteries, where excellent-quality beer and wine was already a mainstay, and where strong alcoholic elixirs were commonly concocted in monastic infirmaries for medicinal purposes. In fact, limoncello may have derived from a group of liqueurs called *rosoli*, sweet alcoholic drinks comprised of fruits, spices, herbs, and medicinal plants that had long been produced in monasteries and convents along the Neapolitan coast.

Beyond the convent walls, making lemon liqueur became a family affair. Residents of the Amalfi Coast probably have been sharing bottles of lemon liqueur among family and friends for

NOT JUST FOR SIPPING

While limoncello is most commonly enjoyed as a *digestivo*, you can also:

- Drizzle it over gelato or fresh fruit
- Swirl it into champagne or sparkling water
- Stir it into pastry cream or drizzle it over pound cake
- Impart a lemony sweet flavor to homemade cocktails
- Spike your lemonade

centuries. However, recipes only began appearing in regional cookbooks around 1900. In 1988, a businessman from Capri named Massimo Canale registered the first trademark with the word "limoncello," using a recipe handed down from his great-great-grandmother and commercializing the drink outside of the region. It was an idea—and a product—that would prove wildly successful, as limoncello has transcended not only the region but all of Italy to be considered an international and world-class tradition.

Today, the lemons of Capri and the Amalfi Coast are considered extra-special. The trees clinging to the cliffsides hang heavy with giant fruits, sending a heady scent into the air. One of my favorite walks is along the meandering paths of this coastline, lined with lemon trees trained into arbors that provide refuge from the sun. The lemons are the star of not only the famous limoncello, but also a zillion different types of pastries sold in the wonderful *pasticcerie* in the towns. These include lemon tarts; shaved ice or granita made with lemon; *delizia*, a dome-shaped cake with lemon-flavored whipped cream; and lemon gelato or sorbet. You can also find lemon candies and chocolates filled with limoncello cream. You can even buy soap, face cream, lotions, and other potions made from lemon. Many southern Italians grow lemon trees in their gardens to make their own homemade *limoncelli*, offered proudly as gifts to friends and family. According to the locals, limoncello is great for warding off the common cold. In recent decades, limoncello has enjoyed an impressive vogue in the English-speaking world and appears more frequently on dessert and after-dinner drink menus around the globe.

TWO TYPES OF LEMONS

There are several types of lemons grown along the Amalfi Coast. Most are citrons, or grapefruit-sized lemons. Their peels are thick, their insides pulpy and fragrant. The lemons are prized for their large size, oily peels, and intense lemon flavor, all particularities of the environment of rich volcanic soil, salt air, and craggy limestone cliffs in which they are cultivated. Here are the two most famous varieties:

- *Ovale di Sorrento*: The "Sorrento oval" is shaped like a football. A consortium called the Consorzio di Tutela del Limone di Sorrento I.G.P. regulates the cultivation of this species of lemon.

- *Sfusato amalfitano*: The word *sfusato* comes from the Italian word for "spindle" and is a visual reference to this more elongated lemon with a pointed profile on each end. This lemon is regulated by another consortium called the Consorzio di Tutela Limone Costa d'Amalfi I.G.P.

The consortia oversee the cultivation, harvesting, production, and labeling of both types of lemons, seeking to protect and promote these local products and their makers.

How Limoncello is Made

In Italy, certain prized agricultural products are strictly regulated, and the production of lemons along the Amalfi Coast and on the island of Capri is no exception. Lemons grown in certain designated regions of Capri and the Sorrentine peninsula fall under the legal protection afforded by an I.G.P. (Indicazione Geografica Protetta), a protected geographic area. Two consortia, the Consorzio di Tutela Limone Costa d'Amalfi I.G.P. and the Consorzio di Tutela del Limone di Sorrento I.G.P., protect the two main lemons cultivated there based on their cultural, historical, and culinary importance. These certified areas are protected under laws of the European Union.

Most of the lemons are cultivated by training the trees to climb along a framework made of poles about twelve feet high, forming an arbor. These beautiful structures are strung along the terraces clinging to the cliffsides and provide a shady respite from the summer sun. Nourished by the rich volcanic soil, the lemons ripen between February and October. Then, they are hand-plucked based on their size, color, and shape. Today, Italy is one of the world's largest producers of lemons, and the Amalfi Coast stands at the heart of this agricultural industry.

The limoncello production process begins with fresh lemon peels, free of the bitter white pith that covers the fruit. Thicker peels are preferred for making lemon liqueur as it's the oil in the peels that infuses the alcohol with flavor, so the Sorrento and Amalfi varieties are perfect. The lemons certified in the I.G.P. process are grown pesticide-free, but the peels are still scrubbed to remove dirt and impurities. The pulp—generally unnecessary for making limoncello—is turned into lemon pastries and other lemon-based products.

Next, the peels are soaked in pure, high-quality alcohol that remains unaltered in the freezer. Different producers use different neutral spirits derived from grain, grapes, sugar beets or sugar cane, or even wine. Vodka is also often used. These spirits have as high as ninety-five percent alcohol content and are ideal as a solvent to extract the oils—and therefore the flavor—from the lemon rinds. For at least forty days, the lemon rinds marinate in the alcohol in a dark place. The longer they steep, the richer the color and the more intensely lemony the taste.

After the peels macerate for the desired time, the mixture is strained and then combined with a syrup made of sugar dissolved in boiling water. There it stays for another month, covered in a cool, dark place. Finally, the whole mixture is filtered, then bottled and corked. From lemon to limoncello, approximately eighty days elapse.

It's a relatively simple process but each producer boasts his or her own limoncello secrets. For example, some use only the rinds, while others marinate the pulp and seeds. People experiment with different ratios of sugar to water in the syrup. The location where the limoncello steeps, with varying temperature and relative humidity, can also play a role. Ultimately, these factors affect the flavor as well as the opacity and texture of the final product. One batch of the final product may be bright, neon yellow; another may be more cloudy and opaque as a result of the emulsification of the sugar and lemon oils.

Taste and quality can vary tremendously from producer to producer and from bottle to bottle. Bad limoncello tastes like window cleaner; good limoncello tastes pure and invigorating, like imbibing a ray of sunshine. Often limoncello is stored in the freezer and served cold, a refreshing way to end to a hot summer day on the Amalfi Coast.

While you can order limoncello from virtually any restaurant or bar in Italy, the most valuable concoctions are made by friends. My neighbor in Italy used to make a variety with blueberries she collected from the mountains every summer. The alcohol stripped the berries of their color, and the slender bottles of blue liquid filled with pale balls were as beautiful to the eye as to the palate. The same process used to make limoncello can be used with other fruits including lime, grapefruit, tangelos, and oranges, strawberries, melons, and even nuts like pistachios.

How to Buy Limoncello

Visiting the Amalfi Coast offers a wonderful opportunity to appreciate the cultivation of lemons as well as the production of limoncello and other lemon-based products. Hike the ancient footpaths that link the towns of the Amalfi Coast—one of the only ways to reach these towns before the road was built in the mid-nineteenth century—and you'll see lemons growing in abundance.

If you want to enjoy some limoncello while in Italy or bring a bottle home, the good news is that even great limoncello is relatively inexpensive. Gourmet and gift shops in Naples, Sorrento, Amalfi, and the outlying islands of Procida, Ischia, and Capri are chock-full of limoncello bottles. When you stroll the lanes of the

Amalfi Coast, you will see bottles in a variety of shapes, from tall cylinders to squat balloons to those resembling flasks, all boasting the best quality or secret recipe. Inside many bars and *pasticcerie* you'll be offered a sample of the house-made variety.

Larger, more industrial-scale producers of limoncello are scattered across the region. These producers employ many people and use specialized machinery to peel the lemons, concoct the recipe, and bottle, cork, and label their products. Family-based artisanal enterprises, some consisting of several generations, also bottle and sell their own varieties. Many individuals also make homemade versions. The wide variety of packaging doesn't make choosing easy. A good place to start is with the web sites of the limoncello consortia, which keep an up-to-date list of the producers of limoncello and other products made with the consortium-approved lemons.

On your own or with a pre-arranged group, you can also arrange to visit some of the lemon groves where the *ovale di Sorrento* and the *sfusato amalfitano* are cultivated. Some of the local tour operators organize lemon-themed tours and day trips to the lemon groves and producers. You can also visit some of the more commercial factories, as well as do your own taste-testing at any producer or just about any bar or shop selling limoncello in the area. Some restaurants along the Amalfi Coast regularly offer limoncello as a *digestivo*, often free of charge. With the variety and wide availability of good-quality, well-made limoncello, you'll have plenty of options.

Sfogliatella

If you've never tasted the uniquely Neapolitan pastry, *sfogliatella*, then you're in for a treat! *Sfogliatelle*, literally "little leaves," are made by rolling out dough and forming it into a log, then trimming the ends so that the layers separate when baked, creating flaky "leaves." *Sfogliatelle* are filled with cream and topped with fruit and a dusting of powdered sugar. The secret is in the combination of

textures—the flaky crust, the bite of the fruit, and the soft cream—at best when eaten warm and fresh out of the oven.

The origins of *sfogliatella* remain uncertain. One theory espoused by proud Neapolitans is that the Carmelite convent of Santa Croce di Lucca in Naples developed *sfogliatella* in the seventeenth century, and then the recipe traveled to the Amalfi Coast. An opposing but more commonly accepted version is that the nuns of Santa Rosa convent in Conca dei Marini, on the Amalfi Coast, were adding lemon liqueur to their pastry cream when making a particular type of pastry around 1700. The nuns made the pastry with semolina flour, milk, dried fruit, and a little white

MOZZARELLA DI BUFALA

Mozzarella di bufala, or mozzarella cheese made with buffalo milk, is a world-class cheese made in a legally protected zone that includes some of the province of Naples as well as other parts of Campania, Lazio, Puglia, and Molise. Though not squarely within the confines of Naples or the Amalfi Coast, if you are a foodie or appreciate fine cheese, be on the lookout throughout your travels for these softball-shaped cheeses with the surprisingly creamy centers.

If you want to see for yourself how this cheese is made, you may want to make a day trip to Acerra, Giugliano in Campania, Pozzuoli, Qualiano, Arzano, Cardito, Frattamaggiore, Frattaminore, or Mugnano, all towns on the outskirts of Naples known for their production of *mozzarella di bufala*. See the Resources section to contact the official consortium for more information or to arrange for a visit.

wine, but the secret ingredient of the famous *sfogliatella Santa Rosa* turned out to be a lemon liqueur that the nuns were making on site. (Today, the convent has been converted into a luxury hotel overlooking the sea, and of course it serves limoncello and sfogliatella in its restaurant.)

According to legend, at the beginning of the 1800s Pasquale Pintauro, a Neapolitan innkeeper, managed to get the recipe for *sfogliatella Santa Rosa*, perhaps from an aunt who was a nun at the Santa Rosa convent. Pintauro expanded his inn into a pastry shop on the via Toledo and began serving the pastries, which took on a more shell-like form over the years and enjoyed consistent success. For years, Pintauro and his family were famous for commercializing homemade *sfogliatelle* and other local pastries, and Neapolitans lined up outside the shop to try them.

Today *sfogliatelle* are made with varying combinations of ricotta, pastry cream, eggs, flour, milk, and sugar. You can find infinite varieties made with almond, orange, and other flavors blended into the ricotta or pastry cream. Here are a few of the common varieties you will encounter in the region:

Sfogliatella Santa Rosa is considered the original recipe, and it often incorporates dried fruits like cherries or raisins, along with a little liqueur.

Sfogliatella riccia (curly) forms many layers that curl up as the pastry cooks.

Sfogliatella frolla (smooth) is a less time-consuming version that does not form the layers but preserves all the flavor.

Sfogliatella aragosta (lobster tail) resembles the curled tail of a crustacean and often incorporates a very sweet whipped cream.

Today, *sfogliatella* stands chief among a group of Neapolitan pastries that have brought the city fame as a center for sweet treats. Here are some of the others you will find:

Baba au rhum: What's not to love about a yeast cake soaked in rum syrup? This traditional dessert may be served plain or sweetend with cream, ricotta, or even Nutella.

Torta caprese: This flourless chocolate cake is a specialty of the island of Capri and is usually made with almond flour and dusted with powdered sugar.

Zeppole di San Giuseppe: These fried or baked dough balls are typically stuffed with pastry cream, ricotta, or custard, and sometimes made with dried fruit. They are traditionally served on St. Joseph's Day, March 19, which pays homage to this patron saint of pastry chefs.

Several pastry shops around the city are famous for their production of traditional Neapolitan treats. While you may not bring them home with you, enjoy them on site and these artisanal delights will undoubtedly remain a memorable part of your trip to Naples.

6

Nativities

They lure us with their facial expressions: proud, sad, joyful, lewd, angelic, or humorous. Few Italian traditions have this ability to pull at our heartstrings, to surprise and delight us, to make us laugh out loud. Neapolitan *presepi* (nativity figures) and *pastori* (pastoral figures) have delighted viewers for several hundred years, and they still draw visitors to the San Gregorio Armeno quarter of the city, where the tradition of making these modeled figures by hand remains vibrant. More than any other artistic tradition, Neapolitan *presepi* (called *o'presebbio* in Neapolitan dialect) encapsulate the spirit of the city—dramatic, Baroque, dark, animated, and funny all at the same time.

In this profoundly Roman Catholic region, southern Italy's craftspeople turn out some of the world's widest selection of high-quality, artisanal works of Christian art. Naples—with its love of unrestrained funeralizing, the Baroque, the macabre, and the melodramatic—is the natural home for some of the most extravagant religious scenes in the world.

According to legend, the tradition of nativity scenes began with Saint Francis of Assisi, who first reenacted the birth of Christ with live animals and actors for a public audience in the central Italian town of Greccio in 1223. The first mention of a *presepe* in Naples comes about a hundred years after this, when a sculptural nativity depicting the Virgin and baby Jesus is documented inside a church in the city. There is also mention of a *presepe* set up in a private home chapel in Amalfi in 1324. By the mid-fourteenth century, Neapolitan sculptors were beginning to design elaborate sculptural ensembles with life-sized figures inside the city's churches, and the birth of Christ with his parents emerged as a popular subject. By the second half of the fifteenth century, ecclesiastical and private patrons engaged Neapolitan artists to create large-scale sculptural groups inside the churches and private chapels of their city. Elaborate religious groupings crafted of wood, terracotta, and other materials began appearing across town. Whether representing the birth or death of Christ, or any number of other well-known Christian subjects, over the course of the 1400s each one became more elaborate than the next.

In contrast to the concept we have today of sculpture as white or grey, the vast majority of these works, in the tradition of medieval sculpture, were originally formed of wood or terracotta, then covered with brightly colored pigments and gold leaf. In the 1470s, the sculptor Pietro Alamanno was tasked with creating a nativity group of no fewer than forty-two painted and gilded sculptures for a private Neapolitan chapel. The Alamanno family of sculptors also created other nativity groups for the churches of Sant'Eligio and Annunziata. Over the following decades, Neapolitan sculptors would erect elaborate sculptural groupings inside the churches of San Domenico Maggiore, Santa Maria La Nova, San Gregorio Armeno, and many regional churches. Guido Mazzoni's *Pietà*, created in the church of Sant'Anna dei Lombardi, features life-sized, glazed terracotta figures with writhing bodies and grief-stricken expressions powerful enough to reach out and touch even today's most jaded viewers.

In 1532, a Sorrentine nobleman named Matteo Mastrogiudice commissioned the sculptor Domenico Impicciati to create the earliest documented *paesaggio*—or landscape—filled with nativity

figures, to be installed in Mastrogiudice's private grotto. According to the documentation of this commission, only the figures of Mary and Joseph were to be painted, while the other figures were to be left in oiled terracotta.

By the second half of the sixteenth century, many historical documents attest to similar private commissions for wooden or painted terracotta ensembles. For ecclesiastical patrons, these sculptural groups served as powerful images to catechize people during the Counter-Reformation. Around the same time, other important centers of nativity production began to spring up in Italy, including Rome and Lecce, as well as elsewhere, including Murcia and Valencia, Spain; Marseille and the Provençal region of southern France; and the Alpine region of Südtirol. Each of these centers developed its own particular style, and the Neapolitan *presepe* tradition quickly formed its own distinctive personality. Neapolitan sculptors created figures on both large and small scales, and became masters of mixed media, creating nativity scenes and dramatic groupings of saints and angels crafted from wood, terracotta, stone, and its most distinctive medium—papier-mâché.

Papier-mâché—known in Italian as *cartapesta*—is one of southern Italy's most astounding artistic media. Neapolitan sculptors began crafting statues in papier-mâché on a wide scale in the 1600s as a cheaper alternative to stone, terracotta, and wood. In addition to its economic benefits, papier-mâché also provided infinite creative possibilities, as it was easy to add to and modify the design mid-project.

By the 1700s, papier-mâché figures filled churches, civic buildings, and homes throughout southern Italy. Although religious figures made up a large percentage of the figures crafted in *cartapesta*, sculptors also made animals and pastoral

---

PRESEPI VS. *PASTORI*: WHAT'S THE DIFFERENCE?

Presepi: A group of nativity figures depicting the birth of Jesus. The term derives from *praesepium*, the Latin word for "crib."

Pastori: These non-religious, often pastoral figures are based on popular stereotypes (peasants, politicians, farmers, bakers, beggars, and many others). Today, the pope and contemporary Italian politicians are popular subjects for today's *pastorai*, or makers of *presepi* and *pastori*.

Today, both *presepi* and *pastori* are made of terracotta and/or papier-mâché, and—just as in everyday Neapolitan life—the sacred and profane coexist seamlessly in the elaborate ensembles.

characters—shepherds, peasants, and other workers of various types from bakers to innkeepers, shoemakers, and butchers—all engaged in traditional activities and daily life. Their typically Baroque forms, with bright colors, dramatic poses, and a love of heavy, billowy drapery, appealed to the fancy, ornate Neapolitan taste of the 1700s. Smaller-scale figures became popular collectors' items.

By the mid-seventeenth century, the landscapes and scenes in which figures were displayed had become incredibly complex, some with ruined temples, reflecting the interest in antiquity that accompanied the amazing new discoveries at Herculaneum (discovered in 1709), Pompeii (discovered in 1748), and other regional archeological sites. They often showed the annunciation to the shepherds with many animals involved. Finally, a tavern background became popular, probably based on the gospel story of the Holy Family being turned away from an inn.

True to Neapolitan culture, the sacred and secular worlds collided. Suddenly water-sellers, bar maids, politicians, peasants, and shepherds took up places alongside saints and the Madonna and Child. Neapolitan peasants attended the birth of Jesus. These elaborate landscape and architectural settings allowed the Neapolitan popular imagination to run wild, including stereotypical figures of daily life on the streets of Naples, figures that would be humorous to a contemporary audience, and representations of abundant food.

The heyday of Neapolitan *presepi* and *pastori* was the eighteenth century, when Neapolitan *pastorai* enjoyed the patronage of King Charles III. Francesco Celebrano, one of the most important Neapolitan artists of the day, made a large number of *presepi* for the royal family, but he also was a renowned royal painter and the director of modellation for the royal porcelain works, the Real Fabbrica di Porcellane at Capodimonte. Giuseppe Sanmartino was another noted master of mixed media who enjoyed royal patronage. Some of Sanmartino's *presepi* are now housed in the

Museo San Martino, one of the city's best places see *presepi* from this period.

Interestingly, this heyday of Neapolitan *presepi* corresponded with the flourishing of Neapolitan theater. King Charles founded the Teatro di San Carlo as an opera house in 1737, even before Milan's La Scala and Venice's La Fenice. Setting aside the role of royal patronage, the two arts of theater and nativity scenography were closely intertwined. The Baroque love of theatricality married perfectly with the Neapolitan aesthetic, and when designing their elaborate landscapes, nativity makers had to have a sophisticated sense of *mise-en-scene* to appeal to an audience of regular theater-goers.

By the mid-1700s, *pastorai* sought to make their figures appear more dynamic, more theatrical, and more "alive" than ever before. They crafted wooden bodies with heads and limbs hinged with iron attachments. They designed various sets of clothing made from silk, satin, brocade, velvet, and other sumptuous materials. Each figure was designed from the start as a flexible mannequin that could be repositioned and dressed in a different way, a veritable stage set with a changing panorama. Each year at Christmastime, these figures could be brought out and arranged in a new, theatrical way. Terracotta heads were painted by hand, eyeballs were crafted of blown glass, and wigs were fashioned with real hair. Workshops evolved to handle or outsource the various media to craft each figure.

Pastori were considered special enough to be given as royal gifts. When King Philip V arrived in Naples from Spain in 1702 to ascend the throne, he was presented with a group of them crafted by some of the city's best-known *pastorai*. Naples' aristocracy and bourgeoisie followed suit by collecting significant numbers of *presepi*. The Prince of Ischitella, Emanuele Pinto, became a noted collector of *presepi*, displaying examples in every room of his palace, specimens made from wood, silver, terracotta, wax, and papier-mâché. In 1743 alone, he purchased 132 pieces, including not only figures but also animals, silk clothing, jewelry, and other accessories. The following year he commissioned the *pastorai* Francesco de Leonardis to create no fewer than 182 new pieces. Giovanna Battista Aragona Pignatelli, duchess of Terranova and Monteleone, also boasted a vast collection of *pastori* displayed in complex scenography. For the Neapolitan bourgeoisie, collecting *presepi* and *pastori* developed as much as a hobby as a devotional aid, an enjoyable pastime to be shared with friends and visitors. During the 1700s, the city's *pastorai* began to standardize production in order to churn pieces out more quickly. The standard scale of *pastori* became established at one-third life-size (*terzina*), measuring between thirty-five and forty centimeters high.

Through the nineteenth century, the Neapolitan Bourbon court continued to erect nativity scenes, but the tradition declined somewhat toward the end of the century. By that time, nativity production became concentrated around the church of San Gregorio Armeno. Although there was still a robust demand for higher-quality pieces among collectors, *presepi* had become more available to the masses, not just nobles and wealthy bourgeoisie. The size of the works became smaller, the quality declined as terracotta replicas were stamped out in molds, and prices began to fall. On the other hand, the introduction of electricity allowed for new creative experiments, such as lighting grottoes or the shepherd's star, and even mechanizing the figures themselves and bringing the scenes to life.

Today, a few pastorai continue to create works faithful to presepi of the 1700s, with heads of terracotta, poseable bodies, and clothing of silk and satin. These figures, of course, command higher prices than the cheaper trinkets churned out in terracotta molds. Today some 200,000 terracotta figures are made for the nativity trade in Naples annually, a third of which are produced in San Gregorio Armeno, while others are produced elsewhere in the city or on the outskirts. Every year, those *pastorai* making terracotta figures for the tourist trade come out with funny versions of figures from popular culture, politics, the papacy, and celebrities.

ONE OF MY FAVORITE STREETS

The via San Gregorio Armeno in Naples is one of my favorite streets in all of Italy because of its infinite variety of saints, angels, peasants, farm animals, children, incredibly elaborate manger scenery, and grottoes piled high with real rocks, fountains, and moss.

How *Presepi* and *Pastori* are Made

Techniques for making traditional *presepi* and *pastori* figures have remained unchanged for hundreds of years. Sculptors form the body by making a skeleton of iron or aluminum that is covered in straw. Alternately, the bodies may be made of wood or terracotta. Heads and hands are crafted from terracotta, wood, or papier-mâché, and the facial features are usually rendered with great realism. Higher-quality figures even incorporate hand-blown glass eyes and real hair. The artisans attach the limbs and head with wire or thick hemp. Next, they pose the figure and, for papier-mâché figures, begin layering it with thin papers attached with *pommula*, a homemade glue made with flour. Then the garments are built, often growing to impressive proportions. When finished, angels seem to swoop down from the heavens, their gowns trailing behind them in billowing folds. Royal blue robes gilded along the edges adorn a crowned Madonna and Child. Peasant figures wear realistic breeches and vests, their white shirts soiled with earth.

MASTERS OF MIXED MEDIA

Masters of mixed media, *pastorai* were organized to produce bodies of linden wood assembled with metal pins, heads of terracotta, eyes of blown glass, wigs of real hair, clothing made of luxurious fabrics, and other accessories made of wax and papier-mâché. The making of landscape settings such as grottoes, caves, and cityscapes became a specialized art in itself. Some of these settings are incredibly intricate, incorporating lighting and mechanical parts.

How to Buy Neapolitan Nativities

Today there are some forty active workshops of *presepi* and *pastori* around the via San Gregorio Armeno neighborhood in the historic center of Naples. Some of the workshops are long-standing family affairs, producing high-quality works based on historical models. Others churn out cheap souvenirs. Some are resellers, and others are furnishers of parts and accessories.

In short, there is a huge variety of quality and price. On the via San Gregorio Armeno itself, high- and low-quality *presepi* coexist. In one shop, you will see finely wrought figures with custom-made costumes of fine fabrics. Next door, heaps of cheap, mass-produced figures of plastic or terracotta clutter the countertops. Look carefully at the construction of the work and the materials used. For Neapolitan *presepi*, you get what you pay for, and price is a relatively reliable way to discern how much time and artisanal workmanship has gone into making a specific piece. As always, buy directly from the maker whenever possible.

More specifically, prices depend on the renown of the maker. You will pay the highest prices for well-regarded artisans in

Naples. Keep in mind, however, that *presepi* are also made in other smaller towns throughout southern Italy. I purchased an exquisite angel from a little-known artisan in Lecce, another town known for *presepi* on the heel of Italy's boot in Puglia, for a fraction of the price I might have paid in Naples.

Today, Neapolitan nativities are protected by UNESCO under their program for Masterpieces of the Oral and Intangible Heritage of Humanity. When you locate a high-quality work from a Neapolitan *pastorai*, you can rest assured that you're taking home one of the most unique handcrafted traditions in all of Italy, if not the world.

What to spend

It's easy to break the bank once you get hooked on collecting *presepi* and *pastori*. Quality, handcrafted figures can go for several hundred Euro, depending on the craftsmanship, the scale of the piece, and the repute of the maker. Nativity figures, elaborate backgrounds or grottoes, and accessory pieces are almost always priced individually so that you can design your own display. Small accessories for these scenes, once made by specialized artisans, are affordably priced but can add up quickly for a complete set. You can choose among details down to jewelry, tools, implements, food, ham hocks, wagons, pitchers, bowls, bottles, wheelbarrows, musical instruments wooden and inlaid with mother of pearl, arms like knives and scimitars, and armor for horses, all made faithfully but in miniature size.

Many Neapolitans collect individual pieces each year, building a collection over a long period of time. When December rolls around, you'll see them hunting for a new figure to add to their collection. Much like collecting for a dollhouse or a train set, once you get started, it's hard to stop, and collectors of these Neapolitan novelties are particularly zealous.

7

Paper

Rags and mountain water are the raw ingredients of Amalfi paper, but from these humble ingredients come some of the most luxurious paper in all of Italy, if not the world. Thick, textured, creamy, and beautifully finished, Amalfi paper is one of the best souvenirs to bring home from this region.

Although paper was made in Asia from ancient times, it was only known in Europe starting in the Middle Ages. In the twelfth century, paper was first documented in Sicily. At that time, Amalfi was the seat of a powerful maritime republic that vied with Genoa and Venice for political and economic power. Cut off from the rest of the Italian peninsula by craggy mountains, the *amalfitani* mastered the seas, trading with their neighbors around the Mediterranean. With close political and cultural connections to Sicily, a center for the trading of cloth, and rushing water in the hills, the sea empire of Amalfi was well situated to become a center of paper-making. By the thirteenth century, artisans in Amalfi's Valle dei Mulini, or Valley of the Mills, began producing luxury papers that would bring the paper-makers, or *cartieri*, fame around the Mediterranean.

In order to understand the historical significance of paper in Italy, it's important to realize that before the advent of paper, people made books and important documents using parchment vellum made from animal hides prepared in tanneries. Books were expensive to produce and coveted, prized possessions of monasteries and learned collectors wealthy enough to purchase them. After Johann Gutenberg's invention of moveable type in the 1450s, the success of the printing press paralleled the history of the success of paper in Europe.

Still, not everyone was comfortable with change. Some European rulers banned the use of paper for important legal documents, given that they were more ephemeral than parchment. Roger II of Sicily ordered that all charters written on paper be recopied onto parchment vellum in 1145 so that they would be preserved. A century later, Frederick II, Holy Roman Emperor and ruler of Italy at that time, banned paper from being used to record public acts.

Still, once paper began to be produced along the Italian coast, it was here to stay. By the 1270s, paper mills were operating in Fabriano, a town in the region of Le Marche, and paper was catching on elsewhere on the Italian peninsula. A dozen paper mills were founded in the hills above Amalfi, using the

rushing waters of the Canneto River to power hydraulic wheels. Blacksmiths in a nearby ironworks forged all the tools and metal parts for the wooden presses used in papermaking. As an independent republic based on sea trade, Amalfi sent its paper far and wide across the Mediterranean. It wasn't long before Amalfi paper had earned a wide-ranging reputation for its quality. In fact, the Vatican engaged the *cartieri* of Amalfi to produce all of its official paper. By the Renaissance, paper was put into the service of sculpture, as artists in the region developed novel ways to create large-scale figural sculpture out of papier-mâché.

Most of Amalfi's artisanal paper mills went out of business at the advent of the Industrial Revolution, unable to keep up with the technology and the scale of production. The unique topography of the valleys also meant that the mills were cut off and prone to damage during floods. By the 1960s, a single mill was still operating and its founder set up a foundation to carry on the tradition of Amalfi paper.

MEDIEVAL RECYCLING

The "rag trade"—the reselling and recycling of used and worn-out clothing—was part of preindustrial reality. Some scholars believe that the Black Death, which decimated many European populations over the course of the fourteenth century, increased the availability of cotton and linen as families cleared out their loved-ones' wardrobes. Simultaneously, the demand for paper in Europe skyrocketed and the ready supply of rags helped fuel the trade. If you have the chance to examine a paper document from the fifteenth century, chances are you may be holding fibers of someone's recycled garments!

How Amalfi Paper is Made

Visiting one of the historic paper mills of Amalfi is a chance to witness a technique that remains unchanged since the 1500s. Amalfi paper begins with cotton, linen, and hemp, which are wetted with waters from the nearby Canneto River and stored in stone basins. In these troughs, the wet fabric is mashed into a pulp with large mallets fitted with iron nails and mechanized with the power of the water turning a great wheel. Glue, once derived from animal hides, is then added to the pulp. Occasionally other materials such as minute strands of bronze or other metals, or plants or flowers are pressed into the pulp for decorative effect.

The wet pulp is lifted from the vat using a mold consisting of a wire mesh encased within a wooden frame. Sometimes the watermark is included in the mold so that it may be automatically transferred to the paper as it sets and dries. The paper is then pressed into flat sheets with giant wooden hand presses and hung to dry in the eaves of the mill. Finally, the papers are collected and carefully cut or folded to the desired finished dimension, then packaged for sale.

HOW TO BUY AMALFI PAPER

By the end of the 1500s, around sixteen paper mills operated in Amalfi. If you hike into the hills above Amalfi, a fun excursion from town, you will see ruins of the old mills tucked into the valleys along the river. Today, the tradition of papermaking lies in the hands of Amalfi's Paper Museum and a couple of artisan families in town. Don't miss the eye-opening opportunity to see paper being made. You'll go home with a high-quality, portable souvenir and a story you'll remember long after your trip.

Resources

Visiting Neapolitan Artisans

Many stores and artisan workshops in the Naples region are multigenerational enterprises, some in operation for a century or even longer. However, change is inevitable and sooner or later, businesses relocate or close. The older members of the family pass on and the new generation takes the family traditions in a new direction. It is frustrating for travelers to go to the trouble of buying a guidebook and locating an artisan studio, only to find it shuttered or relocated. For this reason, rather than listing specific artisans here, I have created a separate ebook complement to this guide called *Artisans of Naples & the Amalfi Coast*. You can download the book directly to your computer or ereader free of charge by following the instructions at the front or back of this book. I conceived *Artisans of Naples & the Amalfi Coast* as a digital complement to this book, which is published in both digital and print editions. My goal for *Artisans of Naples & the Amalfi Coast* is to keep the listings as up-to-date as possible in order to ensure the best experience for you as a traveler and shopper.

While having list of high-quality artisans is convenient, it does not replace the ability to be a discerning shopper. The skills you need to select a fine piece of ceramics or a high-quality cameo will never change. It's all about training your eye to recognize styles, patterns, artistic conventions, quality, tradition, and value. With this book, *Authentic Arts: Naples & the Amalfi Coast*, it is my goal to arm you with the information you need to make smart choices, no matter which shop or market you visit. The resources below should put you well on your way to being among the most informed, educated shopper in Naples. Enjoy your trip!

Museum Collections of Authentic Neapolitan Arts

While Naples boasts a couple of world-class art museums, the real artistic treasures of this city lie inside its ecclesiastical institutions: the many churches, monasteries, and convents around the city. Many of these religious institutions commissioned important architectural and decorative programs in past centuries, employing skilled artists in many media from sculpture to ceramics and textiles. Neapolitan churches also possess significant oil paintings by Neapolitan painters of the Renaissance and Baroque periods. These fantastic collections are a treasure trove of authentic arts, great places to train your eye before you visit the artisan studios and shops.

Before you buy anything, spend some time looking at historical examples of the works you have in mind. You'll come away with the ability to recognize traditional colors, patterns, styles, and conventions, and you'll be better equipped to discern quality and authenticity when you hit the streets. Check the museum web sites for current information about opening hours and admission fees.

NAPLES

Archaeological Museum

Museo Archeologico Nazionale di Napoli

Piazza Museo Nazionale, 19

039/0814422149

http://cir.campania.beniculturali.it/museoarcheologiconazionale

If you want to see how the ancient Greeks and Romans fashioned cameos and engraved gemstones, head to the city's wonderful archeological museum. This is one of Naples' world-class museums and it holds one of the most significant collections of ancient Roman art in the world. You can spend a day pondering finds discovered in Pompeii, Herculaneum, and other ancient sites across southern Italy and the Mediterranean. The museum's "secret chamber" or *gabinetto segreto*, holds a large collection of ancient works depicting erotic subjects popular in the ancient world.

Capodimonte Museum

Museo di Capodimonte

Via Miano, 2

081/7499111

http://www.polomusealenapoli.beniculturali.it/museo_cp/museo_cp.html

spsae-na.accoglienza.capodimonte@beniculturali.it

This former Bourbon palace, originally conceived as a royal hunting lodge atop Capodimonte Hill on the edge of Naples, is the home to the Capodimonte Museum. Today this palace, on over three hundred acres, houses the royal family's vast collection of paintings. King Charles VII began assembling the collection in the 1730s. In addition to the spectacular Farnese collection of European paintings, which Charles inherited from his mother, Elisabetta Farnese, the Capodimonte Museum holds a significant collection of paintings by Botticelli, Mantegna, Massaccio, and lesser-known but accomplished Neapolitan painters. The collection also includes examples of maiolica, furniture, and other extraordinary works of Neapolitan craftsmanship. Before you buy a piece of Capodimonte porcelain, train your eye to recognize the traditional forms, colors, and patterns at this treasure trove of a collection from the heyday of royal porcelain. Don't leave without visiting the private bedchamber of Queen Maria Amalia of Saxony, a room whose walls and ceiling are made entirely of porcelain!

Ceramics Museum

Museo Nazionale della Ceramica Duca di Martina

via Cimarossa, 77

081/5788418

http://www.polomusealenapoli.beniculturali.it/museo_dm/museo_dm.html

sspsae-na.martina@beniculturali.it

This eighteenth-century private country estate, the Villa Floridiana, sits inside an expansive park with a view over the Bay of Naples. The museum boasts an impressive collection of several thousand pieces of ceramics, with important holdings in Capodimonte and works from other European porcelain centers like Meissen and Sèvres. It also includes Italian maiolica, furniture, and Asian ceramics.

Civic Museum Filangieri

Museo Civico Filangieri

Via Duomo, 288

081/203175

http://cir.campania.beniculturali.it/filangieri/

salviamoilmuseofilangierionlus@gmail.com

museofilangieri@libero.it

Prince Gaetano Filangieri founded this wonderful museum in 1882 to celebrate the unique visual vocabulary of Naples' traditional artists, including makers of porcelain, glass, textiles, sculpture, and nativities and pastoral figures (*presepi* and *pastori*). This curious collection also assembles Neapolitan coins, books, and other works, all housed in the fifteenth-century Cuomo Palace. This museum has struggled to remain open in recent years, and a private organization has been formed to save it (www.salviamoilmuseofilangieri.org). Check the web site or call before visiting to make sure it is open.

Coral Museum

Museo del Corallo Ascione

Galleria Umberto I

Piazzetta Matilde Serao, 19

081/8811165

www.museodelcorallo.it

This privately owned coral museum is run by Ascione. One of the region's oldest continually operating makers of coral objects in Torre del Greco, it opened its doors in 1855. Today, Ascione runs a highly visible showroom as well as a museum in the center of Naples inside the Galleria Umberto I, showcasing jewelry in cameos, coral, and precious stones.

Musical Instrument Museum

Museo del Conservatorio San Pietro a Majella

Via San Pietro a Majella, 35

081/5544411

www.sanpietroamajella.it

info@sanpietroamajella.it

Naples plays a starring role in the history of music, especially in the development of Baroque and operatic performance, as well as beloved Italian tunes from "O Sole Mio" to "Funiculì, Funiculà." This beautiful and little-known collection of Neapolitan instruments is tucked away inside the music conservatory of San Pietro a Majella. Whether you are a music enthusiast or a lover of fine craftsmanship, you'll appreciate the collection of stringed instruments made by accomplished luthiers from past centuries. The instruments include lovely pieces made with rare woods and ornamented with mother-of-pearl, ebony, and other precious materials. The collection even includes a Stradivarius harp!

Nativity Collection

Palazzo Reale

Piazza del Plebiscito, 1

081/5808111

www.palazzorealenapoli.beniculturali.it

sbapsae-na.direzioneamministrativa@beniculturali.it

If you need a reprieve from the traffic noise and bustling streets of Naples, duck into the surprisingly quiet and breathtakingly grand Palazzo Reale. Inside the palatine chapel of this former royal palace is a small but impressive collection of Neapolitan nativity figures, or *presepi*, from the 1700s. The assemblage consists of more than two hundred figures, many crafted by some of the city's most renowned sculptors of that era, including the Celebrano and Viva families, Lorenzo Mosca, and Giuseppe Sanmartino.

Nativity Collection

San Lorenzo Maggiore

Via dei Tribunali, 316

081/290580

This historic church stands at the end of the via San Gregorio Armeno, the street famous for its makers of nativities. Below the floor of the church you can visit the archeological excavations of the agora, or main market area, of the ancient Greek city of Neapolis. On the top floor of the church's museum collection, check out the small but impressive collection of Neapolitan *presepi* made for this church in the eighteenth century, all made from polychromed wood and terracotta.

Nativity Collection and Ceramic Cloister

Complesso Monumentale di Santa Chiara

Via Santa Chiara, 49/c

081/7971224

www.monasterodisantachiara.com

info@monasterodisantachiara.eu

The unusual double convent of Santa Chiara once housed a community of Franciscan monks along with nuns of the related order of the Poor Clares. Its church is the resting place of the Angevin king Robert and his second wife, Sancha of Majorca, who ruled Naples in the early fourteenth century. The complex is surprising for its colorful cloister built with maiolica ceramics, designed in the 1740s by Domenico Antonio Vaccaro, a Neapolitan painter, sculptor, and architect. The octagonal columns and pergola define an expansive garden, and the fanciful style of the ceramic columns contrasts sharply with the austere medieval structures adjacent to it. A room off the cloister contains an impressive display of Neapolitan *presepi*.

Nativity and Coral Collections

Museo Nazionale di San Martino

Largo di San Martino, 5

0812294568

http://www.polomusealenapoli.beniculturali.it/museo_sm/museo_sm.html

accoglienza.sanmartino@beniculturali.it

With breathtaking views over the Bay of Naples, this former monastery, now a museum, houses the world's most impressive collection of Neapolitan *presepi*, some of which are several hundred years old. The nativities are dramatically lit and well displayed within the former kitchens of the monastery. The Neapolitan architect and playwright Michele Cuciniello founded this museum starting with his own collection. The former monastery of the Certosa di San Martino also contains many fascinating objects pertaining to Neapolitan history, including a large folk art section that is sure to delight anyone interested in Neapolitan art and history. This is also a good place to see historic examples of objects and jewelry made of coral, as the museum holds a small collection dating from the seventeenth century. Don't miss the incredibly ornate royal carriages in one section of the museum.

SAN NICOLA LA STRADA

Buffalo Mozzarella Consortium

Consorzio per la Tutela della Mozzarella di Bufala Campana D.O.P.

Viale Carlo III, 156

0823/424780

www.mozzarelladop.it

info@mozzarelladop.it

The official consortium of *mozzarella di bufala*, headquartered between Naples and Caserta, regulates the production and quality control of the distinctive, world-famous, ball-shaped cheese made with buffalo milk. Buffalo cheese is documented as far back as the twelfth century, when the monks of San Lorenzo in Capua famously offered it, along with a slice of bread, to visiting pilgrims. By the fourteenth century the cheese was sold, both fresh and smoked, in Naples and in other towns in the region, and by the 1700s, its consumption was widespread. From the beginning, people praised this cheese for its creamy texture and delicate flavor. Contact the consortium to learn more about this world-class cheese or to arrange a visit to one of the family-run dairies.

TORRE DEL GRECO

Coral and Cameo Association

Assocoral: Associazione Produttori Coralli,
Cammei e Gioielli di Torre del Greco

Via Sedivola, 28

081/0488393

www.assocoral.it

info@assocoral.it

This trade association of some forty coral-working enterprises in Torre del Greco was founded in the 1970s to advocate for and promote the industry. Assocoral also works with the scientific community to do its part in safeguarding precious coral reserves in the ocean. If you want to delve deeper into this craft or make contact with companies or individual artisans who work out of the spotlight of tour buses, contact them for assistance in arranging visits and handling special requests.

Coral Museum

Museo del Corallo

Liceo Artistico dell'Istituto Superiore Francesco Degni

Via Calastro, 35

081/ 8812480

http://www.isdegni.it/index.php/museo-del-corallo

nais048006@istruzione.it

At the end of the nineteenth century the convent of Carmine in Torre del Greco became a school for coral craftsmanship, passing down the skill of working coral to future generations. In 1886 it was called the *Reggia scuola di incisione su corallo e arti decorative affini.* Since 1933 it has been a museum and part of a high school focusing on craftsmanship; pupils begin training at about age thirteen and graduate fully skilled to work in the industry. The museum collection on the ground floor includes beautiful jewelry and small-scale sculpture of shell, coral, mother-of-pearl, and even turtle shell. The museum is typically available for visits on weekday mornings, but you need to call in advance to see the collection.

THE AMALFI COAST

AMALFI

Paper Museum

Museo della Carta
Via delle Cartiere, 23
089/8304561
www.museodellacarta.it
info@museodellacarta.it

During the Middle Ages, a system of creeks and rivulets powered paper mills in the Valley of the Mills outside of Amalfi, and the area became famous for its *cartari*, or papermakers. This interesting paper museum on the outskirts of Amalfi preserves the town's legacy of papermaking and is housed in one of Amalfi's antique paper mills. It is well worth the detour off the beaten path. Inside the cavernous, damp rooms of this medieval mill, you can appreciate how the Canneto River powered a hydraulic wheel. You can watch the steps of traditional papermaking, from wetting cotton, linen, or hemp, to pressing the fibers into unique paper creations. You can even try your hand at making paper in an interactive exhibit, fun for kids and anyone who enjoys a more hands-on museum experience. The museum includes an important research collection on the history of papermaking and the Amalfi Coast. In the museum shop, you can pick up affordable and portable gifts to bring home. The museum was founded in 1969 by Nicola Milano, one of the last torchbearers of this centuries-old tradition. After you've toured the museum, hike up one of the footpaths that leads out of Amalfi to see the evocative old ruins of the dozen old paper mills that operated as recent as the eighteenth century, nestled in the now abandoned valleys of the craggy coastline.

MAIORI

Amalfi Lemon Consortium

Consorzio di Tutela Limone Costa d'Amalfi I.G.P.

Corso Reginna, 71

334/3647427

www.limonecostadamalfiigp.com

info@limonecostadamalfiigp.com

This consortium regulates the cultivation of the lemon known as the Amalfi *sfusato* (*sfusato* means "spindle" and refers to the pointy ends of this lemon variety). The *sfusato amalfitano* grows in a legally designated area that comprises thirteen towns along the Amalfi Coast: Amalfi, Atrani, Cetara, Conca dei Marini, Furore, Maiori, Minori, Positano, Praiano, Ravello, Scala, Tramonti, and Vietri sul Mare. The consortium oversees the cultivation of these special lemons and helps commercialize the products made with them, similar to the way many other traditional, artisan-made culinary products with world-class status from Italy like balsamic vinegar of Modena, Parmigiano-Reggiano, and prosciutto di Parma are marketed. The consortium establishes guidelines about the cultivation of the lemons, including strict limits on insecticides. They inspect the crops as well as the finished products made with Amalfi lemons, including *limoncelli*, pastries, and other products. Today some 56,000 certified bottles of limoncello with the *sfusato amalfitano* are produced each year. If you want to know which regional producers of limoncello use the specially designated lemons in their liqueur, check the consortium's website for a current list. You can also book a "lemon tour" which highlights sites of interest related to Amalfi sfusato lemons via www.lemontourderiso.com.

PIANO DI SORRENTO

Sorrento Lemon Consortium

Consorzio di Tutela del Limone di Sorrento I.G.P.

via dei Platani, 15

081/5636060

www.limonedisorrentoigp.it

info@limonedisorrentoigp.it

Much like the consortium of Amalfi lemons, this consortium, established in 2002, regulates the cultivation of Sorrento lemons in a legally designated area that comprises part of the Sorrentine peninsula as well as the island of Capri, and also helps commercialize these them outside the region. An office in Naples organizes the commercialization efforts. For a current list of regional producers of limoncello using these specially designated lemons in their liqueur, check the consortium's website.

RAVELLO

Coral Museum

Museo del Corallo

Piazza Duomo, 9

089/857461

www.museodelcorallo.com

info@museodelcorallo.com

Located on Ravello's main square since its founding in 1986, this great little museum holds objects made of coral from antiquity through the nineteenth century, including cameos, small sculptures, and votive and religious works including reliquaries and an impressive crucifix of coral.

SORRENTO

Wood Inlay Museum

Museobottega della Tarsialignea
Via San Nicola, 28
081/8771842
www.museomuta.it

This privately owned museum traces the history of intarsia, or wood inlay, in Sorrento, where it has been a centuries-old local specialty. The collection includes pieces of antique furniture with incredibly intricate inlay, as well as smaller objects from the early 1800s to the present displayed in cabinets of curiosities. There is also an active laboratory where you can watch this craft being done firsthand. If you have a few days or several weeks to spare, you can sign up for a class to learn how to do it yourself. This little-known museum is worth a visit.

VIETRI SUL MARE

Cargaleiro Ceramics Collection

Fondazione Museo Manuel Cargaleiro

Corso Umberto, 5

089/763076

www.fondazionecargaleiro.it

info@fondazionecargaleiro.it

Manuel Cargaleiro is a Portuguese artist who lived and worked in Vietri sul Mare during the latter part of his career. This relatively new foundation preserves some one hundred fifty contemporary ceramic works that pay homage to Vietri's ceramic history, all from the artist's private collection and donated to the town of Vietri sul Mare.

Ceramics Museum

Museo della Ceramica

Via Nuova Raito, Torretta di Villa Guarigla

089/211835

www.museibiblioteche.provincia.salerno.it

museibiblioteche@provincia.salerno.it

Located in a beautiful setting just outside the town of Vietri sul Mare, this former summer estate of an Italian ambassador is now the Ceramics Museum. The collection will give you a snapshot of the history and evolution of ceramics production in Vietri sul Mare from the seventeenth century to today. It also incorporates works from other ceramics towns in Campania, including Cerreto Sannita and Ariana Irpino.

Ceramics Trade Association

Ente Ceramica Vietrese

Palazzo di Guardia, Piazza Matteotti

www.ceramicavietrese.eu

info@ceramicavietrese.eu

The Ente Ceramica Vietrese coordinates and promotes the work of ceramics artisans in Vietri sul Mare. Lending a local voice to the national ceramics organizations, this organization protects Vietri ceramics and looks out for the people who make them. Contact them in advance to arrange visits to artisan studios or to arrange a class or apprenticeship.

Festivals & Events

Italians take their festivals seriously, and in Naples, traditional festivals mean that there is some sort of cultural extravaganza to experience all year round. Nearly anything can be cause for celebration—a saint's day, a religious or civic holiday, or a remembrance of an important historical event. In the Naples region, patron saints' days are celebrated with particular vigor, as locals dust off centuries-old statues from their churches and parade them through the streets with music, costumes, and fireworks. Traditional arts often take center stage at these cultural affairs as they serve as a source of local pride and collective memory. Here are festivals in the Naples region in which artisanal traditions play a starring role.

MONTHLY

Antiques Fair

Third weekend of the month (except August)

Villa Comunale di Napoli, Viale Dohrn

Check out this raucous antiques market that snakes along the banks of the Riviera di Chiaia. Its cluttered stalls are a great place to hunt for silverware and other metalwork, furniture, jewelry, and prints.

JANUARY

Epiphany

January 6

Various locations

Epiphany, a national holiday in Italy celebrated on January 6, is equivalent to the twelfth day of Christmas, and commemorates the visit of the three kings bearing gifts to the Christ Child. In Italy, however, the religious significance of this holiday is overshadowed by the arrival of Befana, a witch-like, broom-riding old woman who, according to tradition, leaves candy in children's stockings the night before Epiphany. Many southern Italian towns have concerts and parades, sometimes featuring historic costumes. In Naples, La Befana hands out goodies to children in the Piazza del Plebiscito.

FEBRUARY

Carnevale

Dates vary

Naples and environs

While the Neapolitan carnival pales in comparison to the famous Venetian one, you will see people masquerading through the streets during the season. Delicious Neapolitan lasagna is a traditional treat during carnival time. Watch out for kids throwing raw eggs at unprepared passersby!

MARCH–APRIL

Pastry festival

Sagra della Zeppola

Mid-March, dates vary

San Giuseppe Vesuviano

Zeppola San Giuseppe, a pastry similar to a donut filled with pastry cream or fresh ricotta, is typically consumed on March 19, the feast day of Saint Joseph, the patron saint of pastry chefs. The town of San Giuseppe Vesuviano, which lies at the base of the volcano, pulls out all the stops for this extravaganza of sweetness to celebrate its patron saint. Stroll from stand to stand and judge for yourself which pastry chef has done it best.

Madonna of the Hens

Madonna delle Galline

Week following Easter

Pagani

Around 1500 in this town between Naples and Salerno, some scratching chickens unearthed an ancient panel painting depicting the Madonna del Carmine. The healing of a cripple and numerous other miracles were attributed to this icon and the church became an important regional Marian shrine. Today, chickens and other birds are paraded through town on feast days to commemorate the hens' important contribution to the religious life of their town.

MAY

Monuments Weekends

Maggio dei Monumenti

Weekends in May

Naples

Don't miss this opportunity to visit Neapolitan churches, private collections, and other buildings and monuments whose doors are typically closed to visitors. This is a fabulous chance to go behind the scenes to view some of the city's most beautiful architectural and artisanal surprises.

JUNE

Race of the Maritime Republics

Regata Storica delle Antiche Repubbliche Marinare

First Sunday in June

Amalfi

In this heated race between Italy's four former maritime republics (Amalfi, Genoa, Pisa, and Venice), the sea becomes a moving stage for historic boats carrying representatives of the four republics dressed in traditional costume.

Lemon Festival

Sagra del Limone

Second Sunday in June

Amalfi

The craggy cliffs of Amalfi form the backdrop for a local celebration of everything imaginable made from their famous lemon, the *sfusato amalfitano*. Stroll the streets to sample limoncello, pastries, jellies, oils, soaps, lotions, and other fragrant specialties.

JULY

Lemon Festival

Sagra del Limone

First weekend in July

Massa Lubrense

This lemon festival features a variety of culinary events, from lemon-themed walking tours, special restaurant menus, factory visits, tastings, and open orchards.

AUGUST

Sfogliatella Festival

Sagra della Sfogliatella di Santa Rosa

August 30

Conca dei Marini

www.santarosaconcafestival.com

For several hundred years, the nuns of Santa Rosa convent in Conca dei Marini handed out their special, flaky little pastries to locals and visitors to celebrate the feast day of their patron saint. Today, the tradition continues on August 30, when you can sample this traditional pastry that some say looks like a nun's wimple.

DECEMBER

Christmas celebrations

All month

Naples and its region

If you're a fan of Neapolitan nativities, there's no time like December to visit. Artisans create fabulous displays of angels, saints, and other nativity figures on the via San Gregorio Armeno, the street renowned for the city's best nativity artisans. People also trek to the city churches to see the fabulous historical crèches that are the showpieces of these Neapolitan sanctuaries. In towns along the Amalfi Coast, locals pull out all the stops with elaborate Christmas displays of *presepi* and *pastori*. The people of Amalfi even set up figures in fountains around the town.

Other Surprising Discoveries

Museums and artisan studios are not the only places in Naples to explore traditional arts. Some of the most fascinating and authentic finds appear in unexpected places—in a little-known chapel, in a street-corner shrine, on a sign in the alleyway. Don't miss these fun opportunities to immerse yourself in Neapolitan artisanal history.

A MUSEUM DEVOTED TO A THEATER CHARACTER

Pulcinella Museum

Museo della Maschera, del Folklore e della Civiltà Contadina

Piazza Castello

Acerra

081/8857249

www.pulcinellamuseo.it

Pulcinella is a classic stage character from the seventeenth-century theater troupe, the Commedia dell'Arte. According to tradition, Pulcinella hailed from Acerra, located twenty-two kilometers northeast of Naples. Theater-goers of the time understood Pulcinella as a stereotype of the region, and his crafty temperament translated to many other cultures, including his transformation to Punch (of Punch and Judy) in English-speaking countries. This museum, located in Pulcinella's supposed hometown, is devoted entirely to the character, with a large collection of handmade marionettes and puppets as well as depictions in a variety of other media.

A MUSEUM DEDICATED TO A NAUTICAL INSTRUMENT

Compass Museum

Largo Cesareo Console, 3, Amalfi

089/871170

www.museoarsenaleamalfi.it

info@museoarsenaleamalfi.it

This museum chronicles the maritime history of the Amalfi Coast, with an emphasis on compasses and other navigational instruments. It displays a collection of interesting manuscripts, costumes, and other objects related to the history of the powerful maritime republic of Amalfi, which won many important sea battles during the Middle Ages and the Renaissance.

Emotional terracotta sculpture

Church of Sant'Anna dei Lombardi

Piazza Monteoliveto, 4

Don't miss Guido Mazzoni's *Pietà*, an amazing sculptural ensemble erected in 1492 in the church of Sant'Anna dei Lombardi. Depicting the lamentation over the body of the dead Christ, the grouping features life-sized, glazed terracotta figures with writhing bodies and grief-stricken expressions powerful enough to reach out and touch even today's most jaded viewers. Today's Neapolitan *presepi* and *pastori* stem from this fifteenth-century tradition of lifelike sculptural ensembles. Experiencing Mazzoni's work is a great way to understand the history of the distinctive Neapolitan tradition of *presepi*.

Cabinet of secrets

Museo Archeologico Nazionale di Napoli

Piazza Museo Nazionale, 19

039/0814422149

http://cir.campania.beniculturali.it/museoarcheologiconazionale

The museum's "secret chamber" or *gabinetto segreto*, holds a large collection of ancient works depicting erotic subjects, more common in the ancient world than you might imagine. Originally, only the royal family who occupied this palace in the seventeenth century had access to this gallery and for two centuries after the end of the monarchy, the gallery doors were walled up so that no one could see the works at all! The galleries have been open to public view since the 1970s.

Ceramic architecture

Complesso Monumentale di Santa Chiara

Via Santa Chiara, 49/c

081/7971224

www.monasterodisantachiara.com

info@monasterodisantachiara.eu

The use of ceramic in architectural decoration is far from unusual in the Naples region. The entire dome of Amalfi's cathedral, for example, is covered in maiolica tiles. Still, the large, austere, and historically important monastic complex of Santa Chiara in Naples holds a real surprise: a brightly colored cloister built entirely of maiolica. The Neapolitan artist Domenico Antonio Vaccaro designed this unique space in the 1740s with octagonal columns made of ceramic to define an expansive garden. Don't miss the impressive display of Neapolitan *presepi* displayed in a room off the maiolica cloister.

Intarsia doors

Cathedral of Sorrento

Sorrento

In the early 1990s, the main and side doors of Sorrento cathedral were replaced to commemorate Pope John Paul II's 1992 visit to town. The doors, made using the local technique of intarsia, depict the history of Sorrento from its origins up to the pope's visit. Renowned intarsia masters of the town, including the still-active Stinga brothers, worked on these intricate doors. Inside the church, look for intarsia bas-relief carvings made by their forebears in the fourteenth and fifteenth centuries.

Street Signs that Recall Traditional Trades of Naples

One of my favorite things to do in Italian cities is to "read" its history as I walk. Whether you read Italian or just have a good dictionary, pay attention to the street signs. Often, street signs tell the story of the city. Today, makers of centuries-old trades live on through these markers of their memory. In Naples, certain streets retain the memory of the city's historic trades:

Artists
Vico Figurari (picture makers)

Blacksmiths
Vico Chiavettieri al Pendino (makers locks and keys)
Via Ferri Vecchi (old forges)
Vico Zappari ("spades")

Goldsmiths
Via Grande Orefici
Vico Strettola agli Orefici
Piazza Larga Orefici
Traversa i Orefici

Limoncello
Vico Limoncello

Tailors
Vico Azzimatori (literally "dresser-uppers" associated with the wool industry)

Keep your eyes out for these and many other street names that recall the old vocations of Naples, keeping the memory of these trades alive.

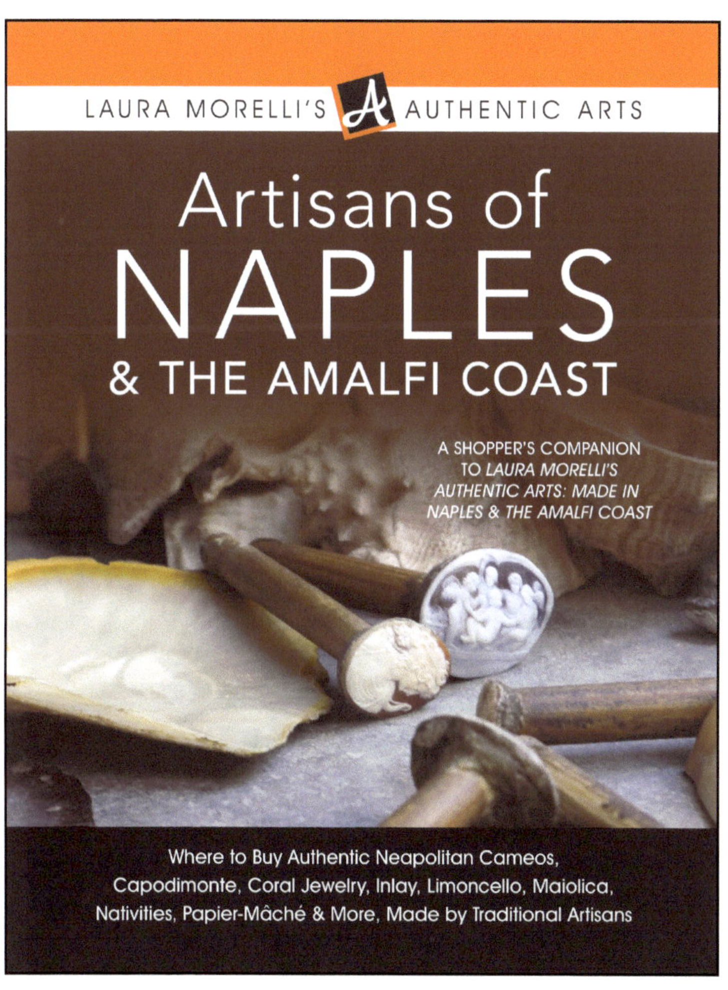

For up-to-date listings of artisans practicing traditional trades, download your free copy of ***Artisans of Naples & the Amalfi Coast*** by Laura Morelli from **www.LauraMorelli.com/Naples-ReaderGift**.

Index

A

Acerra 69
agate 29
Alamanno, Pietro 74
Algeria 24
Amalfi 87, 89, 91
Amalfi Lemon Consortium *(Consorzio di Tutela Limone Costa d'Amalfi I.G.P.)* 104
ancient gems 24
ancient Greeks 3, 21, 35
Annunziata Church 74
Antico Borgo degli Orefici 4, 33
antiques 16
Archaeological Museum *(Museo Archeologico Nazionale di Napoli)* 95
Ariana Irpino 36
Artisans of Naples & the Amalfi Coast 56, 93
Arzano 69
Augustus II the Strong 43, 44
Austria 9

B

baba au rhum 71
bamboo coral 32
baskets 16
Black Death 89
Boucheron 25
Bourbon dynasty 8
boxes 56
Buen Retiro factory 46, 48
Buffalo Mozzarella Consortium (*Consorzio per la Tutela della Mozzarella di Bufala Campana D.O.P.)* 101
Bulgari 25

C

Calvizzano 46
cameos 4, 12, 15, 21–22, 25, 28–32
Camorra 18
Campania 1, 7
Canneto River 89–90
Capodimonte 8–9, 35, 42, 44–49, 77
Capodimonte Museum *(Museo di Capodimonte)* 47, 96
Capri 5, 62, 64, 66
Cardito 69
Cargaleiro Ceramics Collection *(Fondazione Museo Manuel Cargaleiro)* 107
carnelian 28
Caroline Bonaparte 25
cartapesta 76

Cartier 25
Caserta 9
Casoria 46
Cassis cornuta 29
Cassis madagascariensis 29
Cassis rufa 29
Castelli 35
Cava dei Tirreni 36
Celebrano, Francesco 77
Centro Storico 4, 16, 33
Ceramica Artistica e Tradizionale 41
ceramics 17
Ceramics Museum *(Museo della Ceramica)* 107
Ceramics Museum *(Museo Nazionale della Ceramica Duca di Martina)* 97
Ceramics Trade Association *(Ente Ceramica Vietrese)* 107
Cerreto Sannita 36
Charles III 44–46, 77–78
Charles of Anjou 8
Chiaia 33
Chinese export porcelain 43
Circumvesuviana train 5
citrons 63
Civic Museum Filangieri *(Museo Civico Filangieri)* 97
cobalt oxide 36
Collecting Capodimonte 48
Compass Museum 114
Conca dei Marini 69
Consiglio Nazionale Ceramico 41
Consorzio di Tutela del Limone di Sorrento I.G.P. 64
Consorzio di Tutela Limone Costa d'Amalfi I.G.P. 63–64
copper 29–31
Copper 16
coral 15, 17, 21–22, 26, 28, 30–32
Coral and Cameo Association *(Assocoral: Associazione Produttori Coralli, Cammei e Gioielli di Torre del Greco)* 102
coralline 23
Corallum rubrum (red coral) 26–28, 32, 33
Coral Museum *(Museo del Corallo)* 102, 105
Coral Museum *(Museo del Corallo Ascione)* 98
Corsica 24
customs 19

D

da Maiano, Giuliano and Benedetto 52
Damora, Antonio 52
de Leonardis, Francesco 79
Delft 43
delizia 62
de Mendoza, Mencia 23
Doccia 44, 46
Duke Federico da Montefeltro 51

E

Earl of Chesterfield 25
English travelers 10
Etruscans 35

F

Fabbrica delle Armi 9
fakes 11, 32
families 37
felspath 46
Ferdinand IV 8, 9, 24, 46
Fernando of Aragon 23
Festivals & events 108
Florence 44
frames 56
Francis I 52
Frattamaggiore 69
Frattaminore 69
furniture 56

G

Gargiulo family 52
gelato 62
Genoa 22, 87
gilding 10
Ginori 46
Giovanni Caselli 45
Giugliano in Campania 69
glass 22, 28, 29
glyptic art 21
Gobelins 9
gold 29–33
goldsmiths 4
Grand Tour 10, 24
Grandville 52
granita 62
Greccio 73
Greeks 7
Gricci, Giuseppe 45, 46
Grottaglie 35
Gubbio 52
Gucci 46
Gutenberg, Johann 88

H

Haliotis sardonica 29
Herculaneum 7, 10, 24, 60, 77
how Amalfi paper is made 90
how Capodimonte is made 46
how intarsia is made 53
how maiolica is made 38
how presepi and pastori are made 81
how to buy Amalfi paper 91
how to buy cameos and coral 31
how to buy intarsia 55
how to buy limoncello 66
how to buy Neapolitan nativities 82

I

Impicciati, Domenico 74
intaglio 28
intarsia 51–57
Ischia 5, 66

J

jewelry 16, 21, 23, 25, 27–29, 31, 56
Julius Caesar 23

K

kaolin 45, 46
Kingdom of Naples 8

L

La Fenice 78
lapis lazuli 36
La Real Fabbrica di Arazzi e Pietre Dure 9
La Scala 78

Lazio 69
leather bags 13
Lecce 83
Le Marche 88
Limoges 44, 47
limoncello 12, 15, 59, 60–62, 64–68
Livorno 22
Louis XIV 9

M

Madrid 9, 45, 46
mafia 18
Magna Graecia 7
maiolica 9, 35, 36, 40
Manifatture di San Leucio 9
Manifatture di Torre Annunziata 9
Maria Amalia Valpurga 44
Marseille 75
Martin, Paul Barthèlemy 24
Massimo Canale 62
Mastrogiudice, Matteo 74
Mazzoni, Guido 74
Mediterranean 27
Meissen 9, 44, 45, 47
Messina 22
metalworking 10
Metropolitan Museum of Art 52
Molise 69
Mount Vesuvius 5
mozzarella di bufala 69
Mugnano 69
Murano glass 13
Murat, Joachim 25
Murcia 75
Museo San Martino 78
Musical Instrument Museum *(Museo del Conservatorio San Pietro a Majella)* 98

N

Napoleon I 25
National Ceramic Council 41
nativities 73
Nativity and coral collections *(Museo Nazionale di San Martino)* 101
Nativity collection and ceramic cloister *(Complesso Monumentale di Santa Chiara)* 100
Neapolis 7
nickel 30

O

onyx 29
o'presebbio 73
Orvieto 51
ovale di Sorrento 60, 63, 67

P

paper 12, 87
Paper Museum *(Museo della Carta)* 91, 103
papier-mâché 76, 81
Parmigiano-Reggiano 59
pastori 15, 73, 76, 77, 79, 81, 82, 84
paternostri 23
Peter III of Aragon 8
Philip V 79
pickpockets 18
Pignatelli, Giovanna Battista Aragona 79

Pintauro, Pasquale 70
Pinto, Emanuele 79
pizza 59
Pliny 22
pommula 81
Pompeii 7, 10, 24, 25, 60, 77
Porcelain 9
Portici 46
port of Naples 16
Pozzuoli 69
presepi 15, 73, 76, 77, 79, 81–84
Procida 66
Puglia 69, 83
Pulcinella 45
Pulcinella Museum *(Museo della Maschera, del Folklore e della Civiltà Contadina)* 114
Punzi family 37

Q

Qualiano 69
Quartieri Spagnoli 4, 16
quartz 46

R

rag trade 89
Real Fabbrica della Porcellana 9
Real Fabbrica di Coralli 24
Real Fabbrica di Maioliche 9
Real Fabbrica di Porcellane 77
Real Laboratorio delle Pietre Dure 9
Renaissance Italy 22
restorers 16
Richard-Ginori 46
Roger II of Sicily 88
Romans 21, 22, 25, 31, 35
Rose gold *(oro rosa)* 30
rosoli 60

S

Saint Francis of Assisi 73
San Biagio dei Librai 13
San Carlo alle Mortelle 9
sandals 17
San Domenico Maggiore 74
San Gregorio Armeno 74, 80, 82
San Lorenzello 36
Sanmartino, Giuseppe 77
Santa Croce di Lucca 69
Santa Maria La Nova 74
Sant'Anna dei Lombardi 74
Sant'Eligio 74
Sardinia 22, 24
sardonyx 28, 29
Schepers, Gaetano and Livio 45, 46
Scognamiglio, Amedeo 25
scoppatura 29
Sèvres 9, 44, 47
sfogliatella 68, 69, 70
sfogliatella aragosta 70
sfogliatella frolla 70
sfogliatella riccia 70
sfogliatella Santa Rosa 70
sfusato amalfitano 60, 63, 67
shells 28, 29
shipping 17
Sicily 8, 24, 87
silver 29, 30, 31
snuffboxes 45
Società Ceramica Richard 46
Sorrento 51, 52, 53, 55, 56, 66

Sorrento Lemon Consortium *(Consorzio di Tutela del Limone di Sorrento I.G.P.)* 105
Spain 9, 26
Sperandeo family 37
Spode 44
Squillace 35
St. Joseph's Day 71
Street Signs 117
Strombus gigas 29
Südtirol 75

T

Taiani family 37
Teatro di San Carlo 78
terzina 79
theater 10
Tiffany 27
tin oxide 40
Torre del Greco 13, 24–27, 29, 31–33
torta caprese 71
Trapani 22
Tunisia 24
turquoise 30
Tutela del Limone di Sorrento I.G.P. 63

U

UNESCO 4, 83

V

Valencia 75
Valentino 25
Valle dei Mulini 87
van Cleef & Arpels 25
Vatican 89
Venice 87
Versailles 9
Vesuvius 25
via San Gregorio Armeno 13
Vietri sul Mare 35–38, 40, 41
Villeroy & Boch 44

W

Wedgwood 44
West Indes 24
white gold *(oro bianco)* 30
wicker 16
Wood Inlay Museum *(Museobottega della Tarsialignea)* 106
woodworking 10
wrought iron 16

Y

yellow gold *(oro giallo)* 30

Z

zeppole di San Giuseppe 71
zinc 30

About the Author

Laura Morelli earned a Ph.D. in art history from Yale University, where she was a Bass Writing Fellow and an Andrew W. Mellon Doctoral Fellow. She has taught college art history in the United States and Italy, and has lived in five countries. She is the creator of the *Authentic Arts* and *Made in...* guidebook series, as well as an historical novel set in sixteenth-century Venice entitled *The Gondola Maker*, winner of an IPPY Award for Best Adult Fiction as well as a Benjamin Franklin Digital Award. She is a frequent contributor to *National Geographic Traveler*, *USA Today*, and other national publications.

I hope you enjoyed this book! If you would like to join my email list to learn about events and new releases, sign up at **www.lauramorelli.com**.

—Laura Morelli

Also by Laura Morelli

The Gondola Maker
Award-Winning Novel

Made in Italy • *Made in France*
Made in the Southwest

Laura Morelli's Authentic Arts Series:

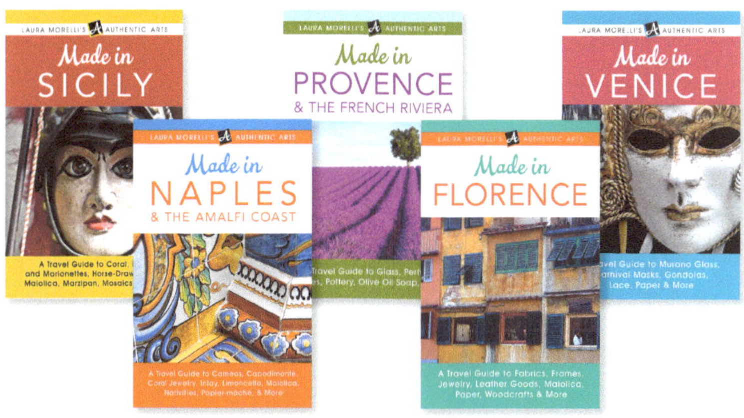

Florence • *Naples & the Amalfi Coast* • *Paris*
Provence & the French Riviera • *Sardinia*
Sicily • *Tuscany & Umbria* • *Venice*

www.ingramcontent.com/pod-product-compliance
Lightning Source LLC
LaVergne TN
LVHW052252100826
845147LV00001B/25

* 9 7 8 1 9 4 2 4 6 7 0 8 3 *

(In memory of Dodo, with love)

1.

Childhood Games

Within the margins

we played marbles
while some

played dice.

And others played
at murder

on that same
recreation ground.

And murderers
they became.

As Sleet Falling

Slate, inscribed.
Or ocean's fires.
Or the years as sleet.

Bridport Notes

To step outside
the door –

the house door –

Walking
that's like stuttering

is still
walking –

painfully walking
if for only a while.

The queue at the post office was long and people
became hostile.

• • •

The Great Game
is still a game,

René Daumal,
when I read *Mount Analogue*

here in Bridport
in heavy rains.

A hedgehog might seek safety
in heavy rains.

How difficult to find wine late at night
where I am.

• • •

A rose bush.
A blackbird. A hedge sparrow.

In lucidity –

out of obscurity
and back again –

a tower
for two

thus for more
than I.

Now.

Our House

If our house
has gone –

gone under –
to decay

and oblivion?

The lintel was inscribed –
but the symbol –

I've pulled down vines.
In a wood, in a garden.

I've entered water.

Green water,
brown water,

red water,
black water

and so many plants dying or dead.

Why are the places I've lived
not the places I've lived?

A black field
that can only be black.

Falling

Your eyes, my eyes, our eyes, their eyes –
nothing –

no, nothing to see ...

Or else grass, gravel, rocks, stones, weeds.
A stone owl

toppled over.
Lacerations, abrasions,

bruises
from my fall

and from crawling
across the garden

on elbows and knees.
I lifted myself

at the doorway
and collapsed

again ...

You were standing
at the opposite end

of the conservatory.
You couldn't

have been standing there
or anywhere else

on this earth.
You were

standing right there.
And then not ...

If miracles are not
to do with the occult?

If miracle stories are not
stories of the occult?

The *Logos*

A house snowed in;
a house deluged – with floods;

a house buried
under landslides;

a house
burning down.

Fire only exists
as fire.

Is the world on fire?
The *logos* is not

on fire
in itself

nor is it fire.

The *logos* is Christ
as paradigm

beyond design –
for Christians. Hence

the only
paradigm? The

ultimate
paradigm? But if

the ultimate
isn’t singular

as paradigm?

Birds in jars
die.

Released –

Death

Death
is your death.

But others – they are still
others

and their deaths
are theirs

and thus other. Deaths but not
death.

You don't tell me anything
by speech –

only by disclosure
as the oracle provided signs.

– Thunder, lightning and rain
drove me back down the mountain

yet again. I
cleave as I may in grief.

Closure

A gull flew down and
mid-air

disappeared
into air. A light

rain was all that disturbed
the garden's trees, bushes, grass.

There is no closure –
only what's beyond closure.

2.

For a Poet

"I don't even want to know what you two have been doing together – I just want it to stop!"

He shouted this down the phone … but did I make the call, or did he?

His wife and I hadn't been doing anything, to speak of, although I did visit her often, and we did meet often at readings, especially, and exhibitions.

But I had fallen in love. Hopelessly. *Obsessively*.

He appeared in a dream only the other night, some ten years after his death, entirely without warrant. *Without warrant?*

Oh, no …

And how seldom I use the telephone now.

For a Fabulist

"I have no more answers," he said to his audience at the private reading; "please don't expect them."

"Don't desert us – please give us a sign; let us know what to do!" someone exclaimed, and others joined in the entreaty.

Who on earth were they, to say what they said? He was a rather whimsical fabulist and poet, hardly a spiritual guide.

A friend turned to me and said, "I think he's a voyeur! He likes to spy – eavesdrop – on what effects he's creating in people." He walked up to the fabulist and asked, "How do you feel about voyeurism?"

"I don't want to discuss it," he replied, walking away.

If my friend was right, then he had been found not a fit subject for a voyeur.

For a Sloth

As I was starting down the long flight of stone steps, an animal – a baby sloth – came up to me invitingly, so I picked it up into my arms.

I assume it must have been waiting there for some time. Sloths move so slowly, as we all know. Why would anyone leave their little sloth alone, I wondered?

It must be reassuring to people when their sloth accepts someone so immediately. And they were soon there: the couple who kept her, as they explained, caught up with me; and the woman started a conversation while the man remained silent.

She and I found that we were both interested in folk music; she was in fact a musicologist, and was going on to give a lecture, somewhere in Chelsea. I mentioned some songs I really loved, 'The Wife of Usher's Well', also known as 'Lady Gay', as well as 'Little Maggie' and 'Black Is the Colour of My True Love's Hair'. The only thing she commented on was that she didn't like poetry, quite arbitrarily. The man kept to his silence and appeared utterly glum. An academic of some sort?

"We have a car," she said, "and we could give you a lift once we get to the bottom of the steps. Where are you going?"

But the steps were endless, or apparently so, even more than the chains of folk song lineage.

Or would that be impossible?

At any rate, the sloth opened one eye and then closed it again. And fell fast asleep, as it proved, in my arms.

For an Artist

Outside in the rain, rooks, pigeons, magpies and blackbirds flew to the feeding station for sultanas, oats, seeds and peanuts. Some of those who flew off again then landed on the conservatory roof for a time.

A consort of viols playing counterpoint – old English music – was all I heard throughout: with the volume turned up, I heard neither the rain, nor thuds, nor scrabbling, nor cries.

Ambience does not have dominance over choice; any more than the eye has dominance over the ear ... or, for that matter, vice versa.

3.

Comfort

It was on the beach at Brighton, in a hot summer ... that was when I saw a young woman in dark glasses walking along the quay, wearing heavy, heaped warm clothing despite the heat. When is comfort discomfort, and discomfort comfort?

“Belief in Predestination must be as comforting as believing in Hard Determinism.” Broken and splintered toenails. Bloody spittle on the pillowcase. White window-frames, red fenceposts, black roofs.

Does a ghost horse know a living rider? Does a living horse know a ghost rider?

A Phone Call

"If something is said to be relative, what is it relative to? Relative to a specific culture? But then that's relative to another culture, and so on, *ad infinitum*? If something is relative, it must be set over against something else that's non-relative. Relativism only makes sense when the relative is put in relation to the Absolute. Otherwise, all is nonsense."

"Yet how? Variously, yes. Pluralistic? And in ways we can only understand in terms of approach."

"Or manifestation ... reflection ... however partial or distorted ... "

Trees and shrubs, rocks and stones, and water ... and again, water.

Only a phone call away, even if you're dead. *I'm here.*

The Diabolist

"They say she's the sort of diabolist who gives diabolists a bad name," he said in a hushed voice as she, the diabolist in question, strolled past us.

"She has *such* presence, she upstaged a famous and chic writer in a recent film!" he continued, ever so breathlessly.

"Not *Anaïs Nin*? I mean, the writer who was upstaged?"

"It would never do to say, my dear! Why do you name *that* fame-obsessed bitch?"

"Ah, just a wild notion. But is this other woman *really* a diabolist? Or an occultist?"

He didn't reply.

I closed my eyes and counted to ten. I opened my eyes. He hadn't gone away. Nor had she, she was strolling back again, looking as diabolic as possible.

Voice and Name

Each had been sent to protect me.

The vampire leaned close, breath cold and fetid on my neck, spoke words of comfort. Reaching out a hand to gingerly touch the hem of my coat, drawing his lips back in a smile. I let my head remain high though in heart it sunk on my chest; not wanting, either, that he be too familiar, I drew away a little.

We stood in the street in rain.

It was late evening, and the others grouped round me now, to show concern. O God, I thought; O my God; and remembered then how once a man trying to befriend me took me in his car to a pub where friends of his were gathered.

He told me as we drove of a nervous breakdown he'd suffered; and then of the problems of his friends, some of them with cerebral palsy, some of them with speech defects. I was in sorrow; none of what he told me did any more than deepen that sorrow which sped toward the pub where his friends were drinking and drinking: as if a park in night and wind, and in wind and a little light the faces, chimeric, caught and warped. One of them, a woman, decided upon me; although I could do little to answer, she kept trying to engage me and, smiling, revealed teeth black with dirt.

But obviously there is meant nothing here by way of *comparison*. The ghost with his wide eyes and his mouth perpetually open, the lips near-colourless; something in his inchoate rasping, panting sounds suggested sympathy. And the man-eater, face so terrible, jaws so large – yet: yet still: his averted look gave me to understand that he knew how hideous I must think him. Yet he, too, had been given to protect me.

•••

Hōnen and I stood looking at a row of paintings with chalk-markings, like corrections, over the paint. The artist, Shōhōbō, had once made a portrait of Hōnen, which Hōnen corrected with lines in chalk. After that, Shōhōbō always incorporated such marks in his paintings.

• • •

A telephone call, to go to a neighbour's (a prostitute) to tell her that her youngest child had been taken to hospital after an epileptic fit; waiting then, in the uncarpeted room, speaking then, with the room smelling of dog-piss and the woman, strongly, of drink.

As I walked back out into the night street and crossed the road, I noticed that the vampire had been standing in the shadows at a house on the comer; his eyes following.

• • •

At last I received a letter, warm and friendly, from her; suggesting we meet the following week. That evening I caught a bus to go to visit a friend. During the journey two girls boarded the bus and sat down in front of me. One of them looked very much like the girl who had written – and yet wasn't *this* girl younger? And weren't her clothes quite unlike the sort of clothes the other girl wore (or at least that I knew her to wear)? But why couldn't I decide for sure? I kept looking at her, trying to make up my mind. Then the bus arrived at my stop and as I got up to leave, her friend looked directly at me. Later when I saw the girl I knew, I told her of this incident and asked, "Was it you?" "No," she laughed; then she said, "Why did you stare like that? I could feel your eyes on me."

In imagination: sitting in a public square, with fountains, pigeons, a stream of people. Of each passer-by she asked me, "What would you think of that one? Would you want to know him? Does she attract you?"

Black railings patterned with rust and with splotches and threads of light blue paint. Steps, stone, down to basement dwellings. Rotten leaves, papers, other trash on steps or beside, unremoved.

...

Hōnen nodded approvingly. We were in a café, drinking tea. The vampire and the others sat at another table, back from ours. I noticed the man-eater looked even more ferocious, and yet even more sorrowful.

Hōnen said, "If you should find a man longing for the Land of Perfect Bliss, and calling on the sacred name, even if he were to be a denizen of a world far removed from this one of ours, think of him with no less compassion than that of a father or mother." He added: "Lend your aid to those who are poor in the necessaries of life." I asked Hōnen about the writing of poetry, which he knew engaged me greatly. "It is not necessarily wrong," he replied. "It may indeed become a sin to a man, or it may prove meritorious." I mentioned his own poems, quoting lines and phrases that had particularly reached me: "heart its colouring gains;" "the hour of that day come;" "the voice of him who calls His name." We spoke then of "the purple colour of attaining." I told him that heedless of society's dictates I wished nothing more than to help everyone I came across, regardless of their position or background, while living in poverty and regarded as a complete fool by all. "That is all very well," said Hōnen, "but one ought not to drink." " – Although," he added, "it is the way of the world."

...

I couldn't bear the sound of their voices any longer.

Having taken refuge in the room upstairs, the voices of the girl and her friends, the couple we were staying with and their other guest, penetrated that refuge and gave me no peace.

She had been questioning me, earlier, about the origin of my depression. What could I have said? I didn't even say that I loved her; the difference in our ages, and my friendship with her parents, had always been against it.

The other voices thronged around her, and she sat in the middle of them.

Where was I, anyway? I was where I could only sit in a distance, while those voices drove me wild. Voices and not *the voice.* Voices of social conformity, voices of those who had benefitted materially from that conformity, voices of pettiness and lust, not love, not constancy or faith; voices of the world, and I outside, joined to ghostliness.

•••

Leaving the house, more and more estranged, aware that I was being rude to those people, I walked down the country road, the night air crisp, the stars clear. The road was largely unlit, and I had often to stand to one side while a car passed. I came to a crossroads, and wondering which fork to take, it occurred to me that someone else was there. I held my head high, though in heart it rested on my chest, in despair. He didn't say anything. As he came closer, my eyes made out clearly the thin, pale lips and wide eyes. But I had known it was him even before he drew close enough for me to see him properly. "Are you going back?" another spoke, from behind. It was the vampire's voice. "It must be cold ... for you," he said. I turned and looked at him. I was beginning to cry. The only direction available was that leading back to the house, and I took it.

•••

Precise red leaves. Stones. Blue flame. Window.

In the morning: through the morning: and into the afternoon: sparrows come into the kitchen through the window; noise of wings, of feet scrabbling on surfaces (table, floor).

• • •

Reaching the garden we sat down on a mound while the others went into the house to prepare lunch. I tried to shield my face with my hand, because of tears, not copious, but tears just the same.

Two people: walking in a field, looking for a path in vain, then taking the main road a long way.

• • •

And even now to dwell on that break, that gap in time. I stayed once in her parents' flat, while the family was away on holiday. She was sixteen, and isolated inside her own tenderness. She seemed impressed by me, as an older person, drawn to me, too; and this warmed me at the same time as I found it appalling. Looking at any of a dozen reminders of her, sundry objects in the flat that only *she* would possess, I quite simply vowed not to see her again for a year. And I didn't.

• • •

"What does it matter," she said ...

She sat down next to me; she caressed my back as I continued to stare into the distance.

The blue field of silence washed over the words, blue water and blue sky, deepening to black.

(For Will Petersen)

Slight Reprise

In the suburbs of Athens, he walked a street that led to an intersection where he encountered the large, block-like houses typical of his childhood walks; old, plaster-faced buildings, with blue or cream or yellow-ochre paintwork that had darkened with age.

His attention was drawn from the clusters of houses along the hill back to the expanse of the sea, and then to a solitary figure on the hill, or a herd of goats (their bells jangling in the distance), before the sea claimed his attention once more. The light was intense; scintillations seemed to etch or burn themselves into the space of his vision.

"Writing stories," I said, "is rather like acting. It's an involvement in an unreal world."

A white-painted room, the white discoloured and scratched. Heavy green curtains. Prints on the walls: Bosch's *Garden of Earthly Delights*, with its monstrous *Hell* panel; a little painting of Dante and Beatrice meeting in a tiny garden, painted simply, almost naively, with an innocent wonder in the faces, and the gazes which meet.

One morning he saw her coatless and bareheaded in the rain, and thought, yes, that is how she is.

He found himself looking out for her; sometimes stopping to wonder why she had so taken hold of his mind. Chance had brought her into the proximity of death; yet in the face of this she was *stubbornly* beautiful – not, he thought, in the sense that she was possessed by mere wilfulness, nor any desperate clinging, but rather that in her countenance there was a firmness, a resistance integral to whatever was refulgent and vital in her being.

He copied into a notebook the words: "The blind spirit rises towards the truth by way of what is material, and seeing the light, it is resuscitated from its former submersion;" adding his own comment: "And what speaks through persons – in their entire being – enlightens me."

In the morning, on the way to work, Ran would often pass a tall and frail-looking young woman, walking slowly with the aid of a stick; her hair long and blonde and hanging in curling strands. He thought (whether correctly or not) that she had some form of blood-disease.

Sometimes he would see her unexpectedly in the street, as he turned a corner, and it always had the effect of a shock; in the way that the sight of someone you love, or a powerful work of art, or anything epiphanic, may jolt and disrupt your state of being. Her affliction drew his compassion; her beauty drew his admiration; and the two things fused into this intense and painful emotion that could make him recoil, as if he had been struck.

One morning he saw her coatless and bareheaded in the rain, and thought, yes, that is how she is.

In imagination: sitting in a public square, with fountains, pigeons, a stream of people. Of each passer-by she asked me, "What would you think of that one?"

Black railings patterned with rust and with splotches and threads of light blue paint. Steps, stone, down to basement dwellings. Rotten leaves, papers, other trash on steps or beside, unremoved.

A shadow life. And that is dangerous.

"Would you want to know him? Does she attract you?"

I couldn't bear the sound of their voices any longer.

I was beginning to cry. The only direction available was that leading back to the house, and I took it.

Having taken refuge in the room upstairs, the voices of the young woman and her friends, the couple we were staying with and their other guest, penetrated that refuge and gave me no peace.

Precise red leaves. Stones. Blue flame. Window.

In the morning: through the morning: and into the afternoon: sparrows come into the kitchen through the window; noise of wings, of feet scrabbling on surfaces (table, floor).

Two people: walking in a field, looking for a path in vain, then taking the main road a long way.

One morning he saw her coatless and bareheaded in the rain, and thought, yes, that is how she is.

4.

the squirrels have gone now
also the pigeons crows & magpies

glass ice crystal
mirror

reflections & non-reflections
I

sometimes
& sometimes not

& nothing comes to nothing
in some way otherwise

ink & collage *ticket*

ink & collage *small gold rectangle*

ink & pencil *curving away*

ink & pencil *broken black*

ink & pencil *for Dodo*

ink & pencil *for John Sell Cotman*

ink & collage *white curve*

ink & pencil *Etruscan*

ink & pencil *green red white*

ink & pencil *high red*

ink & pencil *June*

ink & pencil *lamplight*

ink & pencil *light in darkness*

ink & pencil *rectangles on blue*

ink & pencil *column*

ink & pencil *towards Easter*

Ink & pencil *triangles*

Ink & pencil *inverted triangle*

ink *wet & dry*

ink & pencil & collage *with white light*

ink *in memory of Dodo*

About the Author

David Miller was born in Melbourne, Australia, but has lived in the UK for many years. His more recent publications include *Reassembling Still: Collected Poems* (Shearsman Books, 2014), *Spiritual Letters* (Contraband Books, 2017 / Spuyten Duyvil, 2022), *Towards a Menagerie* (Chax Press, 2019), *Matrix (1-2)* (Guillemot Press, 2020 / Spuyten Duyvil, 2024), *Afterword* (Shearsman Books, 2022), *circle square triangle* (Spuyten Duyvil, 2022), *Some Other Shadows* (Knives Forks and Spoons Press, 2022), *Time, Wisdom and Koalas* (Chax Press, 2023) and *(close)* (KFS Press, 2023). He is also a painter and a musician.

www.ingramcontent.com/pod-product-compliance
Lightning Source LLC
LaVergne TN
LVRC080922110826
845147LV00025B/741

* 9 7 8 1 9 1 6 5 9 0 0 6 9 *